幾つになっても
人生はこれから！

晴れの日も雨の日も

鈴木富佐江

致知出版社

私のルーツ探しの旅は

「絶対必然即絶対最善」楽しみながらスタート！

茨城県下館市（現・筑西市）川島の父の家に引き揚げてきました。

栃木県粟野町（現・鹿沼市）母の家。いじめに遭い家出をした故郷。

日本赤十字社・ボランティアを学ぶ

高校で青少年赤十字団結成・一生の恩師・橋本祐子先生

昭和47(1972)年、赤十字創始者の名前を冠したアンリー・デュナン紀章授章の栄誉に輝いた日本赤十字社の橋本祐子先生（提供・日本赤十字社)。青少年育成に尽力。第1回東京パラリンピックを成功に導く。恩師より夫が拝受したパラリンピック記念メダルが家宝に！

日本赤十字社本社で青少年赤十字全国大会　茨城県代表で参加
昭和29(1954)年11月14日～17日

昭和41年4月15日、小田急新宿店で「身体障がい者展」で盲人用に開発したアルミ箔の教材をご説明。美智子妃殿下は楽譜の点字をなさっておいでとのこと。感銘いたしました。

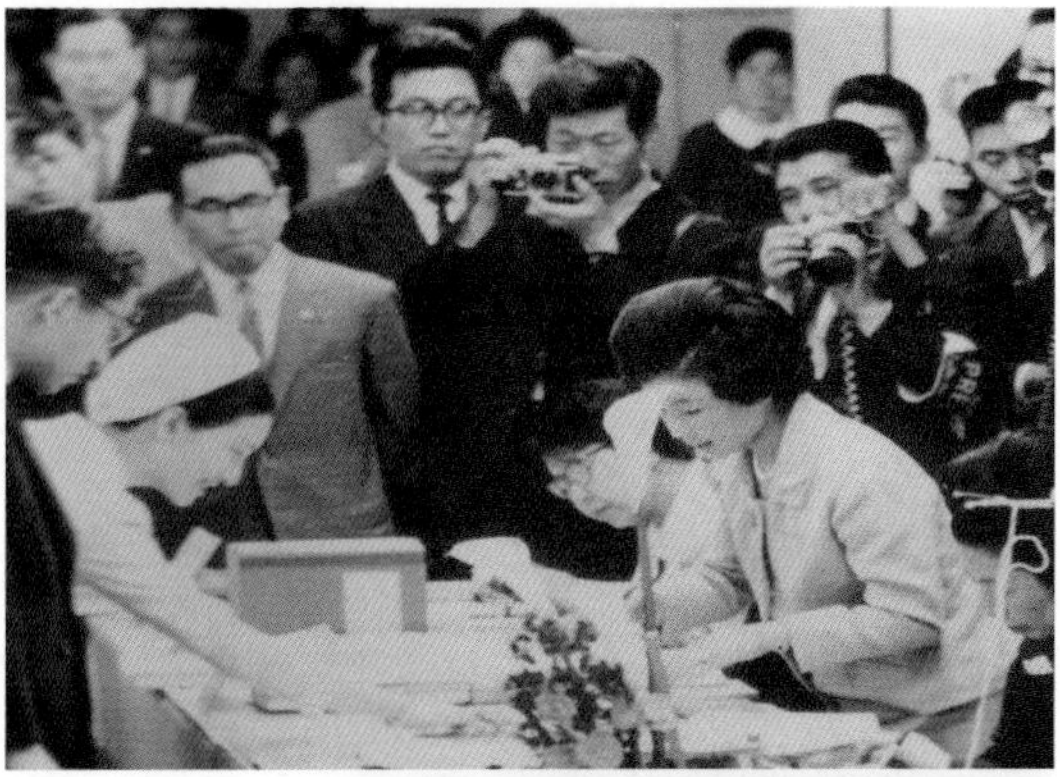

車椅子でも着物・五輪音頭交流

さくら着物工房で指導中の私

「10周年祝い」全国講師会を明治記念館で開催しました。みんな帯を切らずに2分で美しい着付けです。嬉しい集まりでした。(平成26年5月14日)

日本最古の「宅宮神社《えのみやじんじゃ》」は古代史の要《かなめ》

伊邪那岐命・伊邪那美命の
二代前の大苫邉尊《おおとまべのみこと》（天神五代）を祀る

所在地：
徳島市上八万町上中筋五五八

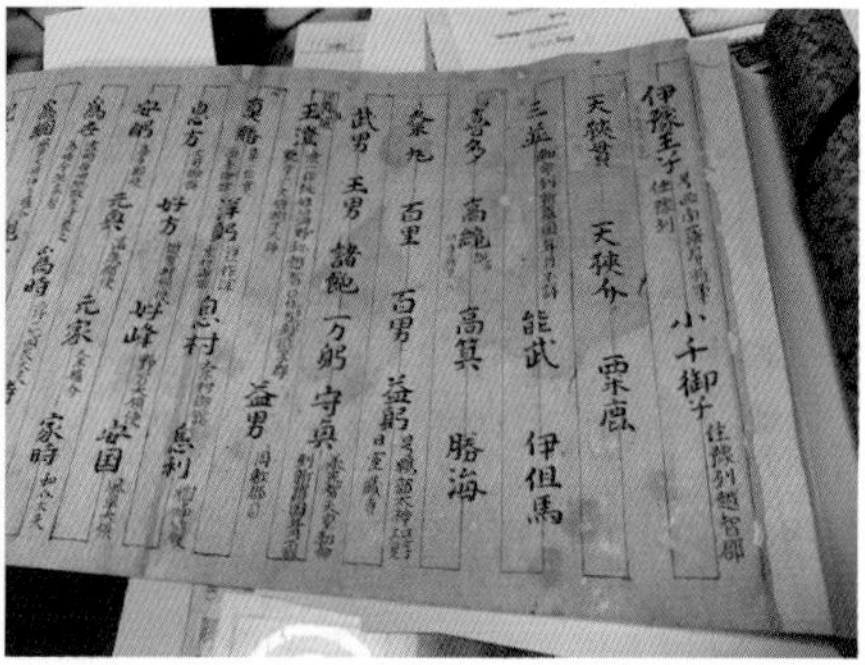

河野家系図
始祖は『第七代孝霊天皇の第三皇子（伊豫王子）』河野家は天皇の血を継がれています。

河野通宣宮司

「力の泉」と呼ばれる御神水の「井戸」は、古より名水がこんこんと湧き出ています。美味しいと人気です。

宮司のお孫さんの
「いろは」ちゃん

河野操様のお人形の作品鑑賞・徳島藍の館でご高覧の東宮様

平安時代より千年以上
続く神踊り

河野ノ組
意冨門麻比賣神社 小社 上六万村ニアリ 俗ニ宅宮大明神ト云 神官河野氏
天石門別八倉比賣神社 月次新嘗 矢野村ニアリ 神官冨崎氏
多祁御奈刀弥神社 小社 諏訪村ニアリ
○麻殖郡八座 大一座 小七座 合殿三社
天水沼間比古神社 天水塞比賣神社 二座合殿二座小社 神官浅野氏
敷地村ニアリ 俗ニ天王宮ト云
建南方命 高志沼河姫命 牛島村ニアリ

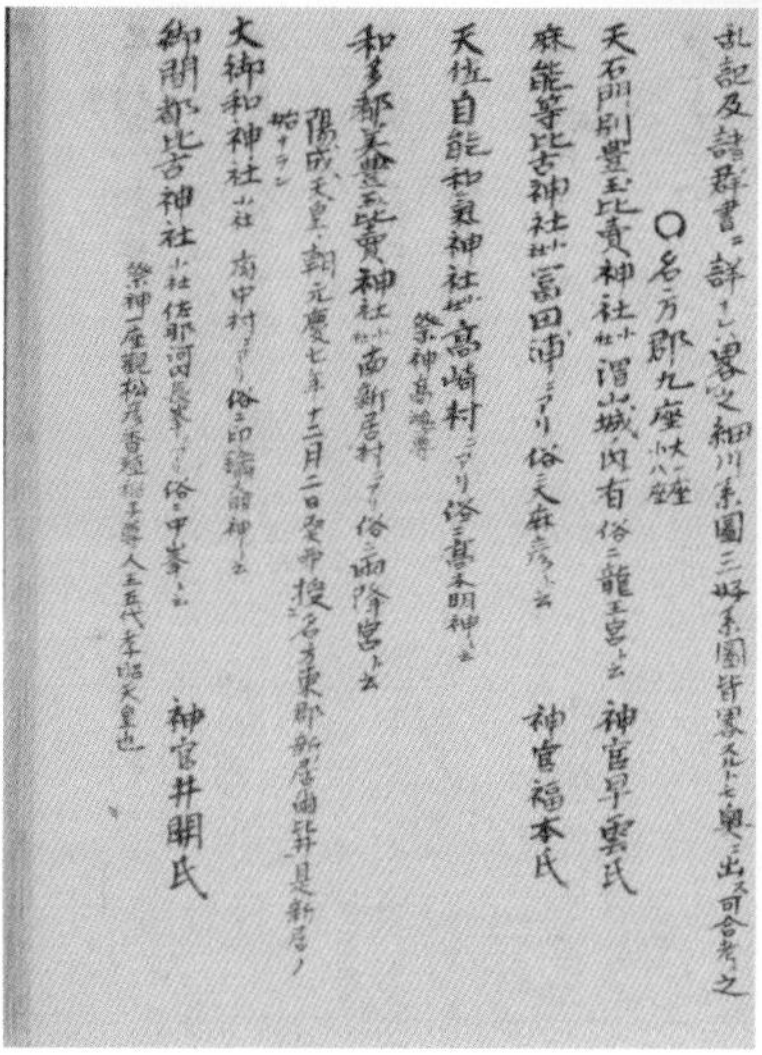

乱記及諸群書ニ詳ナシ 畧之 細川系図 三好系図 皆畧ス 可合考之
○名方郡九座 大一座 小八座
天石門別豊玉比賣神社 渭山城内有 俗ニ龍王宮ト云 神官早雲氏
麻能等比古神社 冨田浦ニアリ 俗ニ大麻彦ト云 神官福本氏
天佐自能和気神社 高崎村ニアリ
和多都美豊玉比賣神社 西新居村ニアリ 俗ニ両降宮ト云
陽成天皇 朝元慶七年十二月二日
大御和神社 小社 府中村ニアリ 俗ニ印鑰大明神ト云
御間都比古神社 小社 俗ニ中峯ト云 神官井關氏

「阿波国風土記」に記されている意冨門麻比賣神社（宅宮神社の旧称）

弥生時代邪馬台（壹）国を築いた 卑弥呼女王と壹與女王

日本の基礎を築かれた邪馬台（壹）国卑弥呼・壹與

弥生時代の埴輪の女性（徳島市立考古資料館蔵）

▲「アメノイワト」卑弥呼女王像

◀「壹與」十三歳の女王像

奇しくも日本画で百五十号の日展出品作品に巡り合いました。「アメノイワト」卑弥呼女王像「壹與」十三歳の女王像・きらめく眼差しに目頭が熱くなりました。阿波の「ルーツ探し」のスタートの時でした。二人の女王に導かれて私のルーツ探しが完達出来たような気がいたします。

藤島大千《ふじしまだいせん》画伯・画

三角縁神獣鏡発見！

30余年前 ほぼ完全な形の『卑弥呼の鏡』が出ました！

徳島県徳島市国府町西矢野に式内大社・宮谷古墳より

阿波国一宮の「天石門別八倉比売神社（あまのいわとわけやくらひめじんじゃ）」があり天照大御神＝大日孁神の古墳は神社の近くにあります。三角縁神獣鏡3枚のうち1枚がほぼ完全な状況で発掘されました。

令和元年「徳島市立考古資料館」

特別企画展に於いて図録「宮谷古墳の時代」が発刊されました。1989年調査が行われ前方後円墳の記載が詳しい。見事に調査が行われました。

三角縁神獣鏡が語る古墳時代史 岩本崇（広島大学法文学部准教授）

「三角縁神獣鏡はなぜこれほどまでに注目されるのであろうか。その最大の理由は、この鏡が『卑弥呼の鏡』の最有力候補であることに尽きる。と書かれており天照大御神の神陵からの出土です。『阿波国風土記』に天石門別八倉比売神社が明記されています。天照大御神の傍証が沢山あり日本の国の偉大な『卑弥呼女王の存在』は阿波徳島のようです」　『宮谷古墳の時代』から抜粋

「我が家のルーツ探し」で見つけた「邪馬台(壹)国」の謎

魏志倭人伝の項羽の城跡宿遷市と徳島神山町神領は北緯33.9度

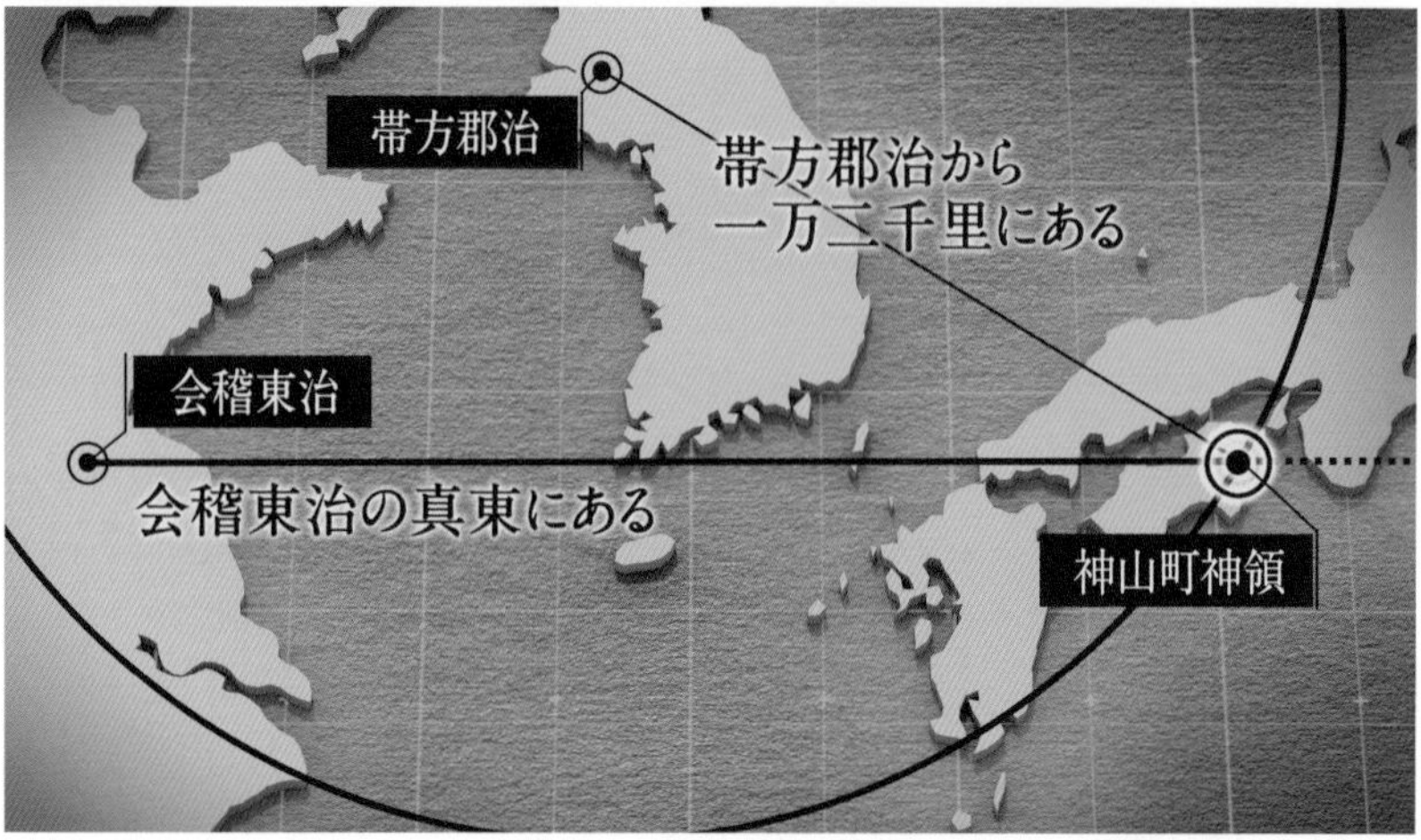

魏志倭人伝による会稽東治の真東に邪馬台国の証明となる、項羽の居城跡の大発見が2006年にありました。日本では何の反響もなく私たちは現地に出かけその地を踏んで確認しました。中国宿遷市項羽の下相城跡はまさに北緯33.9度でした。すでに魏志倭人伝の著者陳寿は偉人「張衡」に学んでいたのです。私たちが見落としていた中国の天才学者。天文学・数学・科学者文人、政治家「張衡」のことです。陳寿は「張衡」の発明を駆使。方角も距離も正しいのです。私も知りませんでしたがグーグルアースに負けない力量があったことを知ることが出来ました。

魏志倭人伝による方角、距離は「張衡」の発明・考案などの技で距離、方向など全部正しいことが証明できました。ここから先はアカデミックの世界・専門家にゆだねたいと思います。私は大連出身の中国のＲさんに協力いただき感謝です。中国の偉人 張衡。AD 78-139 享年61。製図家としても優れた才能を発揮し、「渾天儀《こんてんぎ》」発明。Ｒさんがこの計算で出した答えも同じでした。

◀張衡　磯《いそ》米《よね》・画

宿遷市の城跡 北緯33.9度に立つ

項羽の城が再建されています

項羽の埋蔵物等立派な博物館です

魏志倭人伝の路

四国の赤いところ徳島県・香川県・愛媛県が30の国の長が治め卑弥呼が統治した女王国。この大きさの認識が一番大切に思われます。

『天皇に仕えた部族』陸軍大将・奈良武次侍従武官長

致知出版社の令和6年「新春特別講演会」。大好きな五木寛之先生の講演、お題は「暗愁のゆくえ」でした。開口一番「大正天皇は、漢詩に才たけ文学者だった」と。奈良武次さんは陸軍大将でしたが温厚、書も秀でた文人だったと祖父たちの話。大正天皇は摂政だった東宮様をこのような奈良さんに侍従武官を託されたのでしょうか？　昭和天皇の侍従武官長を拝命し15年に及ぶ日記を残しました。

▲陸軍大将・
奈良武次侍従武官長

戦後、粟野の家では「南摩のおじさん」とよばれていたのが奈良武次さんでした。昭和天皇が東宮の時代からお仕えし天皇にご即位されてからは侍従武官長として参内していた話を聴きました。母の里、粟野の隣村下野国下都賀郡上南摩村（現・栃木県鹿沼市）に生まれ、戦前は陸軍大将で男爵でしたが戦後は無冠となりご苦労があったようです。昭和39年94歳で亡くなられました。晩年、都会暮らしだった母が伺うのをとても喜ばれたようです。私は徳島の旅で奈良さんが大正天皇・昭和天皇の侍従武官長時代15年間が綴られた「奈良武次日記」が和歌山図書館にあることがわかり一部を取り寄せていただきました。折角でしたが文字も難しく残念ながら読み解けませんでした。

新宿髙島屋の辺りに、戦前広場が作られ昭和3年11月昭和天皇のご大典がありました。後に記念碑が作られました。書の達人奈良さんの文字で書かれています。現在は新宿区役所の計らいで石碑は熊野神社に移され安置されており懐かしい思い出です。

「阿波のルーツ探し」のあれこれ

「卑弥呼の鏡」が出土した天照大御神の古墳

旅のスタートは神武天皇の生誕地佐野神社から（左より中原さん、筆者、島勝先生、塩坂さん）。

眉山の中腹に祀る神武天皇像

曽孫も増えて賑やかな家族に・令和６年のお正月 深謝

夫と阿波への新婚旅行
伊邪那岐命神社の桜

麻を生育し織物を皇居にお届けした
三木信夫様宅にて

「麁服」(あらたえ)の種を
貢進した大森由久様

『阿波国風土記』をご説明くださった
大久保明美様

日本兵眠るモンゴル・ダンバダルジャ墓地を慰霊された皇太子殿下(現・天皇陛下)と、在モンゴル日本国大使館で拝謁された春日先生

佐賀県吉野ケ里探訪

おわりに 長い旅をさせていただきました。私の先祖がお仕えしたのはやっぱり人間天皇で四国が邪馬台国であったことは間違いないようでした。現地を訪ねてみましょう。42代までの天皇の痕跡がありそうです。

プロローグ（ルーツ探しの始まり）

邪馬壹国《やまとのくに》を知って
邪馬壹国を観にきて
邪馬壹国を好きになるから

阿波を知って
阿波を観にきて
阿波を好きになるから

日本のルーツの真実を知って
皇室のルーツ・天照大神を観に来て
世界に誇れる日本を好きになるから

私は阿波徳島の旅の途中で、息をのむような夕焼けに出会うことが楽しみです。

「吉野川の夕焼けが一番だ！」と思いながら飽きることなく、太陽が沈み残光の輝きが消える

まで佇みます。

悠久の大河・吉野川の水蒸気に夕日のきらめきが映え、ゆっくりと沈んでいくのです。遠景には緩やかな山並みが幾重にも連なっています。

こんな時、ふと九十八歳で他界した母のつぶやきが重なってきます。

「私は何と言っても池田山から眺めた夕陽が一番だわ」

この池田山というのは、昭和初期の東京五反田池田山のことで、父と母の結婚の仲人をしていただいた齋藤茂一郎様のお宅がある場所です。お隣には上皇皇后美智子様のご実家である正田家の邸宅がありました。

母は日本中あちこち旅をしましたし、外国旅行も大好きでした。美しい景色はたくさん見てきたはずですが、一番の思い出はやはり、自分たちの門出の景色だったのでしょう。

齋藤社長宅をお暇《いとま》した時、夕陽を浴びて赤銅色をした富士山が、遠くにくっきりと浮かんでいたそうです。

その輝きは母にとって、生涯忘れられない特別なものになりました。そこには日本経済の一翼を担う、そうそうたる財界人たちと同じ景色を見ている、という畏敬の念があったのかもしれません。

それが我が家の歴史の始まりでした。そして今思えばそこには、私が考える以上の大きな意味があったのです。

昭和十年春、私の父・荒井醇《じゅん》二十九歳、私の母・齋藤靜子二十二歳のお見合いの日のことでした。

父方と母方のルーツが阿波（徳島）だということは、幼いころから聞いていました。そこにある不思議な羨望の思いを抱いたのは、私が中学生になった時のことです。

当時は戦後間もないころで、父は終戦間際に応召され、モンゴル抑留中に戦病死したという公報が届きました。

母は小学校の教師の職を得て自立し、茨城県の父の実家から、ちょうど空き家になっていた勤務先の小学校の校長住宅に引っ越しました。

そこで母と私達四人姉弟の家族は穏やかに暮らしました。私は父が若い時代に読んだ文学全集を片っ端から読みました。昔の全集にはルビがふってあって、子供でもすらすら読むことができたのです。

母の本箱にもいろいろな教材が入っていました。その中に戦前の小学校で使われた日本史の教科書がありました。

開くと一番初めに「神武天皇の御東幸」と書かれた地図があり、その真ん中に四国が書かれ

ていました。

しかし驚いたことに四国が真っ白なのです。

「どうして四国の地図は何もなくて真っ白なの?」

思わず母に尋ねました。

母は、ちらりとその地図を見て、

「書いては不味《まず》いことがあるのでしょう」

と口を濁しました。

この不思議な地図は、私の記憶から消えることがありませんでした。

中学一年生の時いじめにあった私は「粟野のお祖父ちゃん」の家へ家出をしました。決死の覚悟を決めて汽車に乗った心細さが私の一生の宝になったスタートでした。

祖父と過ごした濃密な日々の中で日本の中に「粟野」の地名が沢山あること「我が家のルーツは天皇にお仕えした部族」だと聞きました。

隣村「南摩という所も阿波の一族だ。親戚の奈良武次さんが大正天皇にお仕えし、東宮様の待従武官になられた。昭和天皇になられてからは待従武官長としてお仕えした」祖父のこの言葉は謎のまま心の奥にずーっと残っていました。

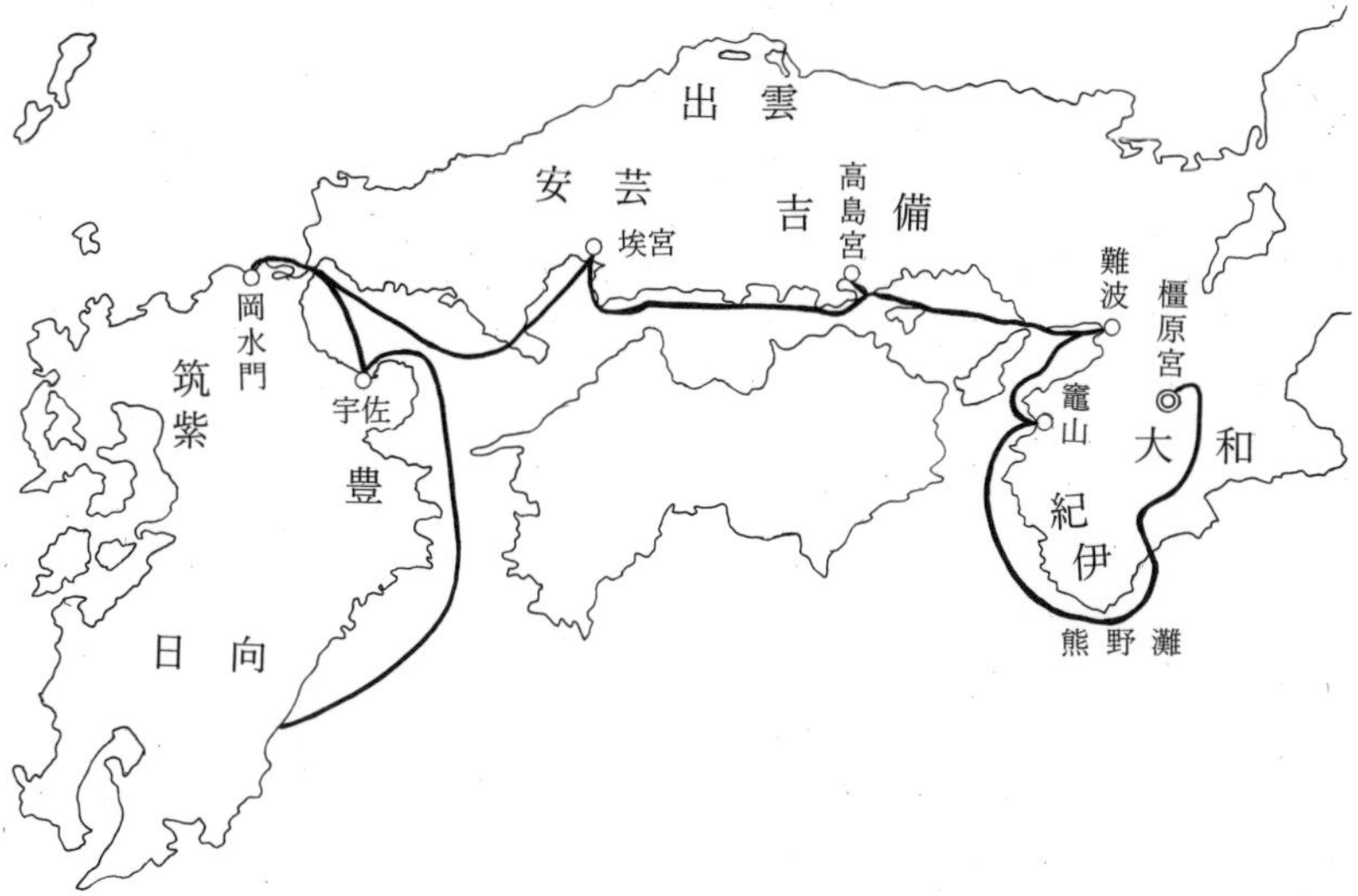

私は六十五歳の時、脳梗塞を患いました。後遺症で右手が不自由になりました。神さまはどこまで人を苦境に落とすのか。でも、神様は思いがけない知恵もくれました。

そして、世界中が不安の渦に巻き込まれたコロナ禍のロックダウンの最中『ルーツ探し』の夢がもこもこ大きくなり、私を「阿波徳島のなぞ解き」に導くことになったのです。

この結果、私はこれまでの常識や定説とはまったく違う、未知の古代史の入り口に立つことになりました。

この顛末《てんまつ》をお話しする前に、まず母の羽の中に守られた私達四人姉弟のルーツについて少し知っていただきたいと思います。

幾つになっても人生はこれから！＊目次

装幀・口絵レイアウト——スタジオファム
編集協力——柏木孝之

第一章　生い立ちの記

●思い出の地、旧満州・大連市

昭和十一（一九三六）年八月一日、私は旧満州、大連《だいれん》市中央病院で生まれました。

母はそのころの思い出をよく話してくれました。

「お腹が痛くなり始めたので早めに入院したのだけれど、アカシアの花が強く匂っていたのを思い出すわ。中央病院は当時最先端の設備を備えた、日本人用の立派な病院だったの。初めてのお産だったけれど、看護婦さんも沢山いてお医者さんもついていて、お産婆さんが取り上げてくださり安心だったわね」

母によると、私は「よく太って元気な赤ちゃん」だったそうです。「赤ちゃんを抱いたら、陣痛の痛みも、生む苦しさもすぐに忘れてしまって、本当に嬉しかったわ」

母の思い出話は続きます。

「お父様は子煩悩だったので、お休みには大和ホテルへよく連れて行ってくれたわ。お食事をして広い芝生で遊んだことを覚えている？」

私は三歳ごろ撫順《ぶじゅん》市に転居したので、何も覚えておりませんでした。

当時の父は写真を趣味にしており、アルバムが沢山ありましたが、その写真は一枚もありま

せん。昭和二十一（一九四六）年七月の内地への引き揚げの時に、写真は持ち出すことができませんでした。思い出を語る便《よすが》がないのは、とても寂しいことです。

大連は母が嫁いだ昭和十年当時、東洋一の国際都市で、美しく文化的な雰囲気でした。

旅順の港は唐の時代からの重要な海上要塞でしたが、清の時代の末期にロシアの租借地となりました。日露戦争に日本が勝利したことで、大連と共に日本の支配下に入りました。多くの日本人が海を渡って移住し、大連を一大文化都市にしました。

私は、母の思い出の地、大連へ一度行きたいと願っていました。やっと実現したのは六五歳で脳梗塞を患った後のこと。大連から引き揚げられた友人と「旅愁の旧日本街を訪ねる大連の旅」へ参加しました。

私は戦跡のある旅順を訪ね、公園や記念碑に黙禱をしました。旅のグループの方たちも、やはり何か戦争の傷・思い出をもっての旅でした。

父が昭和七年に初めて海を渡って勤めていたビルは、銀行になっていました。私が生まれた中央病院も、まだ現役でした。

ただ、大連駅の周りのかつての日本人街は、すでに旧市街となっていて現在の大連中心部は、東京都心をさらに大きくした風情の都市になっていました。

●大好きな父の面影を追って

父荒井醇は、明治三十九年生まれ。荒井家の女の子の次に生まれた待望の男の子でした。その下の三人も女の子だったので、父は荒井家の一人息子で大事な跡取りということになります。父の生家は茨城県真壁郡伊讃村女方《おざかた》で、現在は筑西市になっています。住所は大字女方ですが、家がある所の地名は「川島」でした。

川島は関東平野の真ん中に位置し、私が小さいころは見渡すかぎり田んぼや畑で、東南に美しい筑波山を眺めることが出来ました。

筑波嶺の峰より落つる男女川《みなのがわ》
　恋ぞつもりて淵《ふち》となりぬる
　　　　　　　　陽成院

百人一首の陽成院の歌が口に出るような、のどかな田園地帯でした。

荒井家は古い歴史を持つ格式のある家で、終戦までは川島一帯の農地を持つ大地主でした。

祖父母は、私の父や叔母たちの教育に力を入れていました。殊に長男で跡取りの父には、期

待が大きかったようです。

父は地元の小学校を卒業すると、水戸市の藩校弘道館に関係する親戚の家に下宿して、旧制中学・高等学校に通いました。地方では小学校卒業後に奉公に行ったり、家業の手伝いをしたりする子が珍しくなかった時代です。

祖父母は父に最高の教育を受けさせるべく、心を砕いたのでしょう。父は水戸中学校・水戸高等学校を卒業後、仙台市にある東北帝國大学校に進学しました。仙台駅の近くに親戚の屋敷があり、そこで四年間お世話になったそうです。（短大の頃父を偲んでいきましたが大空襲でその一家は全滅でした）

父は人望がありリーダーシップがあったようで、川島の家が広かったこともあり、大学の休みには十人ぐらい友人を連れて帰省したそうです。

廊下で仕切られたところに、客人用の上段の間がありました。畳は特別の寸法で四間間口の立派な床の間があり、そこには曾祖父の美術コレクションが、季節ごとに取り替えて飾られていました。次の間を合わせると三十畳以上あり、上段の間の裏、北側には四つの寝室に仕切られる広間がありました。

学生たちは談論風発、大学の教授や先輩も加わり祖父は上機嫌で、若者の話に加わるのが楽しみのようでした。

●卒業後の父の進路

仲人をしていただいた茨城県を代表する実業家の齋藤茂一郎氏は、川島の隣町の結城町小森出身で、祖父とは、曽祖父の代から深い付き合いがあったそうです。

齋藤氏は満州の撫順市郊外に、最高の品質を誇る炭田を所有していました。そこで石炭と綿花を本格的な産業の基軸とする「南昌洋行」という商社の設立が計画され、大連に準備室が開設されました。そこで父に白羽の矢が立ったのです。

齋藤氏は、日産日立コンツェルンの総帥鮎川義介氏と親しく、その協力を得て、「南昌洋行」の本社を撫順市に建設する雄大な構想を描いておりました。齋藤氏が池田山の屋敷を購入する橋渡しも、鮎川氏がされたそうです。

齋藤氏は、「南昌洋行」の経営責任者としてご子息たちが成人するまで父に託すつもりだったようです。

父はまた鮎川義介氏や、その義弟で久原（日立）財閥の創始者で政治家の久原房之介氏に信頼をされ、結婚式にもご出席いただいたと母が懐かしそうに話してくれました。

曾祖父が茨城の財界人でしたので、そのご縁だったと聞いたことがありますが父は志高く、

胸を弾ませて、実業の世界に進んだのだと思います。

このような状況下でも祖母は、父が遠い満州に行くことを、心から喜べなかったようです。その気持ちは、私も祖母と同じ歳になって、理解できます。

●父と母のお見合い話

昭和十（一九三五）年のお正月、当時二十二歳だった母は、父親の齋藤平三郎に付き添われ、父荒井醇とのお見合いのために上京していました。

母方の齋藤家と仲人の齋藤茂一郎氏は、阿波をルーツにする姻戚同士でした。荒井家の長女が母方の齋藤家の親戚に嫁いでおり、みな親たちの代からのつながりがあったそうです。

祖父の齋藤平三郎も、齋藤茂一郎社長も、同じ阿波ルーツの「齋藤家」で、共に天皇にお仕えする部族だと言われていました。祖父と齋藤社長も昵懇《じっこん》の間柄でした。

祖父齋藤平三郎の家は、栃木県上都賀郡粟野町で代々続く旧家で、山地主でした。一八七一（明治四）年に前島密によって郵便制度が発足した時、「三等郵便局長」を拝命しました。

当時の制度は自費で郵便局を用意するという世界にまれな仕組で、全国津々浦々に郵便局が

普及しました。祖父の本業は地主のほかに材木工場の経営だったようですが、郵便局長は名誉なことだったようです。

父方の祖父荒井永十郎も大地主で、貸家がかなりありました。茨城県の財界で活躍をしていた曽祖父の代から、齋藤茂一郎社長とは知り合いだったようです。

東京五反田の池田山にある齋藤社長の御宅で、父荒井醇と母齋藤静子は初めて会う約束になっていました。

母の着物は祖母がこの日のために、自営の養蚕室の蚕の生糸で織った最上の生地を、京都で染めて貰ったものでした。

「自分で言うのもおかしいけれど、きれいだったわ」

私が大人になってから、母はそう言って自慢しました。

しかし当日、それを父に見せることはできませんでした。満州から東京まで何日もかかる当時のこと、父は会社の都合でどうしても約束の日に帰国できなかったのです。

でもお見合いの場は、気心の知れた親戚同然の人たちの集まりで、齋藤社長の奥様も来てくださって、母はすっかり安心だったようです。今思うとこれは、全員が「阿波ルーツ」で結ばれていたためかもしれません。

こうして母はお見合いもせずに、会ったこともない満州の父の許に嫁ぐ決心をしたのでした。

●靜子さんのお婿さんが迎えに来ました

父が満州から帰国し、東京の帝国ホテルでお仲人・齋藤氏御夫妻のもと、盛大な結婚式が営まれました。

父の実家川島にも二人揃って里帰りし、村を挙げて結婚を祝っていただきました。

母はそれまで見たことのない立派な屋敷の車寄せから入り、上段の間へ通されたそうです。女中さんたちの躾もよく、自分が由緒ある家に嫁いだことを改めて自覚したと話していました。

母の郷、栗野へも回りました。これから遠い満州へ旅立つお婿さんと娘のため、祖父たちは親戚中を招いて、披露の宴を営みました。大東亜戦争の始まる前、活気溢れる満州への旅立ちは大いにめでたいことだったようです。

母方の齋藤の家は、六人の子供がみな女の子でした。長女のお婿さんで跡取りの義兄は近衛兵で、「鶴吉兄さん」と呼ばれていました。母は「鶴吉兄さんには満州にも来てもらい、お父様ととても仲が良かった」と懐かしがっていました。妹たちも別れを惜しんで夜が更けたそうですが、祖母は賑やかな若者たちのいる座敷の次の間で、母とあれやこれやとお土産を作っていました。

「満州へいったら身内がいないのだから苦労することもあろうけれど、静子はしっかりしているから大丈夫だ！」

気丈な祖母ですが、そう言いながら、満州へ嫁いでいく娘の身を案じて涙ぐんでいたと聞きました。

●私の名付け親は齋藤社長

翌昭和十一年、私が生まれた時、お仲人さんだった齋藤社長が名付け親になりました。「富佐江」という社長自筆の命名の書面が、桐の箱に入れられ、飛行機で届いたそうです。

社長のお宅は男の子ばかりでしたので、私の名前を付けてくださるのをとても楽しんでおいでのようでした。

私は小さい時、三文字で難しい名前がとてもイヤで、学校の先生にも「トサエ」と読まれると、母に文句を言うと、こう話してくれました。

「社長さんがどこにもないステキな名前を、一生懸命考えてくださったのよ。幸せそうでとても良い名前だと思うわ」

なるほど、確かに私の名前と同じ人には、現在まで一度も出会ったことがありません。

●父と撫順市の思い出

昭和十四（一九三九）年、「南昌洋行」の満州本社が、撫順市に完成しました。

昭和の初め、撫順市は満州最大級の都市でした。撫順駅から斜めに大胆に延びる中央大街の道路が、自動車の交通に便利でした。

一条から十条まで整った道路、街並み、住宅配置などは、後に東京の田園調布の街づくりのお手本になったと伝えられています。

会社は堅牢な総タイル造りで、私の家も会社の裏に広がる土地にあり集中暖房がありました。上下水道も完備し、水洗便所が出来ており高い塀で囲まれていました。私たちが住むころ撫順はすでに十万都市になっていました。

撫順の街は大正時代、旧市街に続く大原野を整地して、街の計画・設計を国際コンペで募集したそうです。

撫順駅を基点とする整然とした街並みで、街の北に渾河《こんが》という大きな川がありました。学校の遠足で行ったことがあります。濁った水が海のうねりのように岸に打ち寄せ、遊水地の河原がどこまでも続き、見渡すことができませんでした。

渾河と街の間には広い満州鉄道の操車場があり、列車が沢山待機していました。長い柵に沿って一番北の道路が一条通りで南の丘陵地になる所が十条通りになっていました。

四条通りにはいつも賑わっている市場がありました。通りの間々には大きなお寺や病院、警察もあり、ちょっとお洒落な会社や家々がびっしり建っていました。

十条通りの南の高台には撫順神社がありました。

●父がいて一番撫順が輝いていた時

会社は市内の満州鉄道ビルに次ぐ大きな建物で、齋藤社長の気概と会社の規模が分かる堂々としたものでした。

会社の後ろの広い敷地に高い塀がめぐらされ、私の家はその中に建っていました。父は会社の重役で撫順の責任者でした。

「お父さんはおしゃれでダンディだった」

と母がいつも思い出話で言っていました。

私は家で着物に着替えた父の姿が好きでした。お休みの時は刀を手入れして、居合抜きのように素振りをします。私と弟を隣の部屋に正座させ、その姿を見せてくれたものです。

曽祖父が美術品のコレクターで、孫である父に一家をなすに恥じないように、掛け軸や刀の名品を持たせてくれたそうです。

東京では「丸の内音頭」ができ、日比谷公園で盆踊りが開催されました。その人気が高まって景気が回復しました。

撫順・南晶洋行。左側に幽霊坂、右側は撫順神社通り

そこで国家高揚のため、作詞西城八十さん、作曲中山晋平さんで「東京音頭」が完成。歌い手として小唄の名人で芸者の小唄勝太郎さんに白羽の矢が立ちました。

この「東京音頭」は空前の大ヒットになり、今も愛唱されて盆踊りには大活躍です。齋藤社長はこの名コンビの音頭を何と撫順にも導入しようと考え、齋藤社長の肝いりで「撫順音頭」が作られました。

おらが撫順で　よいしょ　よいよい　♪
掘り出す炭《おすみ》は　やっこらさのさ　♫
ソレ！　ヤコラサノサ　♬

最新型の撫順市街の外側にはゴルフ場とスケート場もありました。大きな市民の運動会や集会用に「中央広場」が作られていました。この広場で「盆踊り大会」が開かれました。大会では齋藤社長が、小唄勝太郎さんをお連れになりました。大スターが櫓《やぐら》の上で歌われるのですから、それは華やかで別世界のような盆踊りが繰り広げられました。町中のほとんどの人が着物や浴衣で集まったような賑わいでした。これは私が幼稚園に通っていたころの話です。社長の撫順のお宅は、会社の脇の坂の上にありました。私が通っていた幼稚園とちょうど向かい合わせのところでした。社長は茨城県の出身で納豆が大好物でしたので、撫順においでになると、母が作った自慢の「手作り納豆」をお届けするのが私の役目でした。

大きな門があり子供の背では届かず、母が電話をしてくれました。すると、先ほど話に出た勝太郎さんがお泊まりしていて、門のところで待っていてくださいました。

勝太郎さんはとても私を可愛がってくださいました。着物姿が美しく、御化粧の良い匂いを今でも覚えています。

●大好きだった永安幼稚園

幼稚園が始まると、弟たちがいるので、朝はお手伝いさんが送ってくれました。帰りは下り

の坂道を一人で帰ります。これが楽しみでした。

坂の途中に大きな教会がありました。教会の中には太いポプラの木があり、きれいな落ち葉を拾って持ち帰り、弟たちと茎を引っ掛けあい、どちらが強いか引っ張りっこをする遊びが楽しみでした。

またお花畑がありシスターが花束を作って持たせてくださいます。

母はお花をとても喜びました。床の間にはいつもお花が活けてありました。

母のお花は大きい花器に枝物が多い流儀のお花でしたから、四季折々の花束は子供心にも愛くるしく華やかに映りました。

●尋常小学校入学

七条通りには中学校、女学校、公会堂、総合病院がありました。

撫順小学校は家からまっすぐ七条通りを歩いて十分ぐらいの所にありました。鉄筋コンクリートの三階建てで、高い天井の講堂があり、舞台の後ろには天皇陛下の大きな額が掲げてありました。大きな日の丸も飾られ、私は小学生になった緊張と好奇心でいっぱいでした。上級生がずらりと並び一年生を迎えてくれました。

私のクラスの担任は、中年の「木村欣《きん》先生でした。教室でお話が終わると撫順神社にお参りに行きました。

校長先生と担任の木村先生を真ん中に囲み、私たち生徒とその後ろに父兄が並んだ記念写真が残っています。我が家は、父と母と弟が映っていました。子煩悩だった父の姿です。

二年後の弟の入学式は戦争の色が濃くなり、こんな写真はありませんでした。

●七五三のお祝いは日本で

昭和十八（一九四三）年の秋のことです。私と弟の七五三祝いに、日本へ帰ることになりました。このころになると、大東亜戦争の足音が静かに近づいていました。

日本では物価統制があり、戦時体制が始まっていました。母方の祖母はお蚕が飼えなくなる前に、私の着物や帯を作る準備をしていたそうで、父の実家の川島の家へ、お祝いに着物や帯を持参してくれました。

「贅沢は敵だ」と言われていた時代ですが、満州からの珍客に親戚や村の方たちもお招きして、広い座敷に祝い膳が運ばれました。父が祖父母と久々に会い、寛いだあの宴は私の一番大事な日になりました。

　栃木県の母の里、粟野にも行きました。威厳を持った達磨さんの絵みたいな母方の祖父が、相好を崩して私たちを迎えてくれました。

　従妹たちと走り回った山や川が、走馬灯のように目に浮かびます。満州にはない緑の山々、

昭和 20 年、幽霊坂沿いのベランダに立つ父

昭和 18 年 11 月、
七五三祝いで日本に里帰り

お魚が釣れる川など、私たち子供にとってはすべてが初めての経験でした。

齋藤社長のお宅にもご挨拶に伺いました。満州で何度もお会いしているので、社長は孫を迎えるように私たちを歓迎してくれました。奥様も優しく、遠来の小さい私たちをもてなしてくださいました。

大人の話に退屈した私は、社長の御宅のお庭を探検に出かけました。三千坪以上あるという御屋敷の広いお庭は、川島の父の家の庭よりも沢山のお花が咲いていました。

奥の方へいくと、お隣のお姉さんたちの声が聞こえました。枝折戸があったのでしょうか。少し遊んでいただいた記憶があります。

●迫りくる敗戦の日

小学校二年生になると、ラジオで戦争の話が多くなりました。「大本営」の発表です。「日本が勝っている」放送と「軍歌」が流れます。

「勝ってくるぞと勇ましく　♪　」

「みよ東海の空明けて　♬　」

非常時の為、学校にも整列して規律正しく頭巾を肩に下げて登校します。空襲の話や戦地の

話が、子供の耳にも入るようになりました。

でも撫順の真ん中に住んでいる私たちからすると、空襲警報も飛行機の影も一度も見たことがなく、実感がありませんでした。

ただ一つ大きな突貫工事があったことを覚えています。会社の建物と私の家の境の広い空き地に、セメントと鉄筋がはいった頑丈な防空壕が作られたのです。

屋根の上は大きな砂場になりました。地下壕には二～三十人が半年は籠城できるということでした。私たちには秘密基地のように見えて、子供の遊び場になりました。

昭和二十（一九四五）年の春。私は三年生になりました。

気が付くと校長先生が学校にこなくなっていました。私たちのクラス担任は男の中島先生でした。

「先生、校長先生はどうしてお休みなの？」

先生はちょっと顔を曇らせ、「戦争に行かれた……」とだけ言われました。

先生の足元はゲートルが巻かれて、ズボンの足元のさばきがいい非常時の姿でした。

私はとてもいけないことを聞いてしまったような気がしました。

●父への召集令状

五月になると家の中の様子が違ってきました。母はあまり口を聞かなくなりました。

父に赤紙が来たのです。「赤紙」とは召集令状のことで「戦場へ行け」と言う日本の国からの命令です。何があっても誰も断わることができません。逃げることも隠れることもできない！　これが戦争で国民が戦いに行くことなのです。

私は二階の父の部屋へ呼ばれました。父は私をしっかりと抱きしめ、諭すように言いました。

「お父さんは、明日の朝、兵隊さんとして戦争に行く。お母さんはあまり丈夫ではないのでとても心配だ。」

非常に大切なことを話しているのだと、子供心にもわかりました。

「お父さんは何があっても、すぐに帰ってくることができない。とても遠いところへ行かなければならない」

私の目を見つめる父の目には、涙が光っていました。

「ふさえ、お母さんと、信雄、俊雄、靖雄を頼んだよ」

「お母さんよりお父さんの方が好き！」

私はこう言ってはばからない「お父さん子」でした。

私は小さいころから「なぜ？　どうして？」としつこかったようです。三人の弟がいる母は忙しすぎました。父に「どうしてなの？　なんで？」と尋ねると本や写真できちんと答えてもらえました。

三年生になった私は、校長先生も学校からいなくなったように、いつかお父さんもいなくなることに気付いていました。

私は父の目をしっかり見ながら泣き声で「はい！」と答えました。急いで階段を下り「お父さんがいなくなる……」と、母に抱きつきました。どうしても涙が止まりませんでした。

●出征する父の見送り

五月十五日の朝、撫順駅へ私だけが父を見送りに行くことになりました。三人の弟がいたので、母は行けなかったのです。

会社の社員は戦争に行き、男の人が少なくなっていました。みんなぎりぎりの体力で、夜遅くまで働いていました。

私が懐《なつ》いている「寺内閣下」と呼ばれていた小父さんがいました。小父さんは肺の病気をし

ているために、兵隊に取られなかったそうです。

私は寺内閣下に連れられ、混雑した「出征兵士」の中に父の姿を見つけました。

三十八歳の父は、覚悟を決めて兵隊の顔になっていました。駅の中の兵隊さんはみんな、父と同じぐらいの年配でした。もう若い男性が残っていないのです。

見送りの中に子供が沢山いました。見送りの人たちは、みんな日の丸の旗を持っていました。

「ふさえちゃんもハイ」と、旗を渡されました。

駅の中は兵隊になる人と見送りに来た人で、ごった返していました。皆は「万歳！　万歳！」と旗を振っています。

私は寺内閣下に肩車をしてもらいました。列車の窓で、父がハンカチを振っています。それが見えなくなるまで、泣きながら見送りました。心臓がどきどきして、今にも飛び出しそうでした。父は昨日、何度も頬ずりをしてくれました。髭のこそばゆさと痛さが忘れられませんでした。

家に帰ると、末の弟を抱いた母が、広い座敷の真ん中でぽつんと座っていました。

「お父様は、『僕に赤紙が来るようなら、日本は負ける』といつも言っていらしたの。いよいよ、その日が来たのね」

大きな涙が、母の目から堪えきれずに流れました。

私には幻のような思い出がたくさんあり、記憶が薄れているものもあります。でも、この一場面は今でもくっきり覚えています。

その時代、「長男は兵隊に召集しない」という不文律があったそうです。父は「荒井家の長男」で、しかも軍需産業である「南昌洋行」本社の重役でした。

「南昌洋行」の持っている露天掘りの石炭は最高級品でした。大平原で栽培される綿は、軍服や毛布になりました。どちらも男性がほとんど招集され、作業が間に合わないほどに人が減っていました。そして父にもついに、赤紙が来たのです。

父が出征してしばらく経ち、絵ハガキが届きました。

「承徳（満州の景勝地）に着き責務を全うしています」という軍事郵便でした。

検閲があり何も書けない父の気持ちを察し、母は子供の前ではもう涙を見せませんでした。

●戦時下の小学校

私は三年生、弟は一年生。空襲に備え防空頭巾を背中にしょって、手をつないで学校に行っていました。

ラジオは雑音が多くて何も聞けません。撫順の町の中は静かで真っ青な空。私たちは空襲警

報が鳴った時のため、避難訓練をしていましたが、一度も本当の警報は聞いたことがありませんでした。

七月になりました。担任の中島先生は、白墨《はくぼく》で黒板に文字を書き始めました。

アッツ島の歌（血戦勇士顕彰国民）

時これ　五月十二日
暁こむる　霧ふかく
突如と襲ふ　敵二萬
南に邀《むか》へ　北に撃つ
南に邀へ　北に撃つ

陸海　敵の猛攻に
わが反撃は　火を吐けど
巨彈は落ちて　地をえぐり
山容　ために改まる
山容　ために改まる

そして黒板に書いた詩を朗々と涙を流しながら、美しいテノールで歌われました。

北太平洋のアリューシャン列島にあるアッツ島守備隊は、上陸したアメリカ軍と十七日間におよぶ激しい戦闘の末、五月二十九日に玉砕しました。これは太平洋戦争において、初めて日本国民に、日本軍の敗北が発表された戦いでした。

私たち三年生は、玉砕と言う言葉をまだ知りませんでしたが、胸の共鳴板に響いたのでしょう。この歌のメロディは、一度で覚えてしまいました。

中島先生も数日後、出征されたと教えられました。

●夏休みに次々起こった大事件

昭和二十年七月末で学校は夏休みになりました。撫順の学校はどこも、子供たちのために門が開くことは二度とありませんでした。
八月六日
会社の人が母の許へ飛んできました。
「日本にピカどんが落ちた！　ピカどんが落ちた！」

大騒ぎになりましたが、誰も何がどうしたのかわかりません。ラジオは雑音ばかりで、何も聞こえなくなっていました。

そういう慌ただしい日でも、撫順の空は毎日晴れて穏やかでした。

戦争で物資が不足していましたが、四条通りの市場にはいつも通り食料品は沢山あったそうです。

八月八日

ソ連はこの時、すでに北方から大軍隊を編成し、南下していたのです。戦車が露払《つゆばら》いしながら国境に近づいていました。

撫順市は東北部の国境から遠く離れた、南の方に位置します。市内は一見戦時中とは思えないほど、平和な日々でした。

八月九日

闇に紛れてロシアの突撃隊と戦車が国境を越え、満州に進攻してきました。不可侵条約を破り、戦争を仕掛けてきたのです。

しかし、日本の軍隊はほとんど南方の戦線に送られていました。対抗する軍隊がないことは、もちろんソ連は承知のうえでした。

ソ連軍は刑務所に入っていた囚人を、前線の弾除けにしていたと聞きました。彼らは国境地

帯の日本人開拓団の村々を、次々に略奪し、焼き討ち、逃げ惑う女性に暴行しました。そのため女性は頭を丸刈りにして、男に変装して逃げました。

八月九日の日本では、

長崎に黒い雨が降り、町から人が消えたと聞きました。二度目の原爆が投下されたのでした。ただならぬ気配を感じた母は、ショウハイ（父の部下で満人の若者。私たちはこの青年のおかげで引き揚げることが出来ました）を呼んで、買えるだけの食べ物を買い集めてくるように頼みました。

隣組の組長からは、満人の暴動や中国軍の蜂起の噂を聞き、万が一に備えるようにと耳打ちされていました。ソ連ならともかく、昨日まで仲間だった者、満人が……と誰もが絶句しました。

それでも子供たちはどこかから集まって、防空壕の砂場で遊んだり、学校の運動場へ出かけたり、上級生が誘って撫順神社にお参りにも行きました。

一見戦時中とは思えないほど平和な日々でしたが、すでにソ連はこの時期、北方から大軍隊を編成し南下していたのです。撫順市は東北部の国境から遠く離れた南の方に位置します。まだソ連軍の南下の情報は伝わっていませんでした。

八月十五日

神社の境内では、女学校のお姉さんたちが日の丸の手ぬぐいを持って、通りがかりの人に

「千人針《せんにんばり》」をお願いしていました。

これは日の丸の手ぬぐいに、赤い糸の小さな玉を縫い取りしていくのです。この「千人針」を身に着けていたら、敵の弾が飛んできても当たらないと言われていました。

神社へ参拝に来た人が兵隊さんの無事を祈って、いくつもいくつも針と糸で赤い玉を縫って、協力してくれました。女学生たちは、兵隊さんへの「慰問袋」にこの手ぬぐいを入れて送るのです。

この時点では、北から何万もの人が着の身着のまま、逃げ惑いながら南を目指していることを、知る由もありませんでした。まして「敗戦の玉音放送」が今からなされるとは誰が思ったでしょう。

私は、母からお昼に大事な放送があると聞いていたので、みんなに声を掛けて家に帰りました。

●日本の敗戦

八月十五日の朝、組長さんから玉音放送があるから、ラジオの前にいるようにと、伝達がありました。急いで家に帰ると母は弟を抱いてラジオの前に座っていました。

今まで雑音ばかりだったラジオが、よく聞こえていました。音楽が途絶えて「玉音放送」が始まりました。子供の私には何のことかよくわかりませんでしたが母がぽつんと言いました。

「戦争は終わったわ。日本が負けてしまったの……」

母は泣いていたのか喜んでいたのかわかりません。私は弟たちと手をつないで「お父様が帰ってくる！　お父様が帰ってくる！」と喜び合いました。戦争が終われば父が戻ってくると信じていたのです。

八月十七日

明け方の薄暗がりの中、異様な地響きがしました。

「早く洋服に着替えなさい！」

母の声にベランダに出てみると、大通りを見慣れないトラックが通っており、荷台の上に大勢の軍人が立っていました。

戦車の走る音にまじって、地面の底から湧き上がるような「合唱」が聞こえてきました。低く野太い声の合唱は、この人たちの凱旋歌だったのかもしれません。

何台かトラックが通り過ぎると、まるで岩山が転がるように、戦車が十台以上ゆっくりと走り去りました。これが不可侵条約を破って撫順市に侵入してきたソ連軍の姿でした。

華やかな盆踊りがあった、あの中央広場が戦車で一杯になりました。

●撫順の街は戦場になった！

八月十八日

「ソ連兵が町中で家を荒らしにやってきているから、しっかり戸締まりをすること！」組長さんたちがそれだけ大声で言うと闇に駆け込んでいきました。朝になると十人ほどソ連兵が門の前に来て頑丈な塀を簡単に乗り越えて社宅の方へ行った者。将校たちは門を開け私の家の玄関をドンドン・ドンドンドンドンと叩きました。開けないほうが怖い状況で何人か家の中を物色し「ダワイ！」父のカメラと引き出しの時計や万年筆が持ちさられました。母は子供をかばって身動きできませんでした。

国境の町や村からソ連軍の魔の手を逃れた人々が、着の身着のままで避難民になり撫順の町につき始めたのは八月の末。

避難してきた人たちは恐怖に震え、気付いたら戦車が侵入し、ハッチの中から兵隊が沢山出てきたそうです。ソ連兵は逃げ惑う人々に機関銃を乱射しながら進軍してきました。死者を葬

ることもできず逃げなければならなかった様子を、泣きながら話しました。

戦後、いろいろな方の引き揚げの話、開拓団の話、残留孤児の話などが、日本に沢山伝わっています。

しかし、ソ連軍の乱暴狼藉や、国境から避難して来た同胞を受け入れた日本人の苦労を本当に伝えた話は、読んだ覚えがありません。

避難所となった公共施設は、たちまち満杯になりました。この方たちは新疆《しんきょう》市、奉天《ほうてん》市が飽和状態で受け容れてもらえず、やっと撫順市にたどり着いたのでした。

撫順市でもソ連兵が略奪を始めました。暴行をされて自害する女性も出ました。婦女暴行を防ぐために避難民の中の遊郭関係者を募り元の遊郭で遊ぶところを開設した話を、大人になってから同窓会で聞きました。

隣組の組長さんたちが各家庭を回って、避難民の受け入れを要請しました。私の家でも、何組かの家族を受け入れることになりました。

その中に、病気を理由に兵役を逃れた、若い男の人がいました。誰も大人がいない日、その人が三年生だった私を倉庫に押し入れ、いたずらをしようとしました。

外から戻った母が、物音に気付き助けてくれました。母は血相を変えて組長に訴え、その男の人を追い出しました。このことは生涯忘れられません。

私たちは、毎日父の帰りを待ちました。年が明けて昭和二十一（一九四六）年になっても、父は戻りませんでした。

母が発疹チフスになった時、同居していたお医者様とその家族のおかげで、奇跡的に生還できました。二階の部屋へ母を隔離している間、奥様とお嬢様（お姉さん）が親身になって子供たちを見てくださいました。

そのお姉さんとは、お人形を作って闇市に売りに行ったことがありました。最初はカステラを焼いて持っていったのですが、それよりも私が抱いていたお人形が注目されて、それからはお人形を作って売るようになりました。ぜいたくは敵でお人形はお店になかったのです。母のタンスの着物が材料で、大きなだき

わが家の屋敷は小さな
人形教室になった（筆者画）

お姉さんの人形は
市場で飛ぶように売れた（筆者画）

人形は飛ぶように売れ近所の小母さんたちが内職をしてくれました。母の命の薬が買えました。これも夢のような思い出です。

避難民の方が、すべて良い人だったわけではありません。母が生死の境にある時、子供もいないのに、我が家の食料を盗む夫婦がいました。こういう大人たちに、悲しい思いもしました。

母は父がいつ戻ってもいいように、衣服を別に取り揃え、残りは避難民の皆さんにあげていました。

●日本への引き揚げは母と子供だけ

いくら待っても父から便りはありません。そのうち、あちこちから引き揚げの話が出てきて、私たち家族にもついに通知が届きました。小さい子供がいたためか、我が家にいた他の避難民の方よりも先でした。

「お父様はきっと、日本で待ってくれているわ」

そんな母の言葉に、私たちは元気を取り戻しました。七月一日に家を出て、集合場所になっていた坂の上の兵舎に向かいました。

我が家は父がお金の手当てをしていたため、比較的苦労が少なくてすみました。しかし、引

き揚げ者の持ち物には厳しい制限があり、お金は一人千円。荷物は持てる範囲の着替えと食糧だけでした。

母は私の七五三の着物をほどいて、弟のおんぶ紐に縫いました。

「日本に帰ったら、着物に縫い直せるのよ」

母のアイディアで持ち帰ったこの着物は、「栗野のおばあちゃん」が蚕から作ってくれたもので、愛情の賜物でした。

日本に帰ってから私の着物として利用した後は、母の長襦袢になり、最後は姪の帯としてお太鼓結びになり喜ばれました。母も私もどうしてもこの着物は最後まで捨てられませんでした。

引き揚げる時、また悲しいことがありました。私が坂の上の兵舎から弟の履き替えの靴を取りに家に戻りました。例の避難民の夫婦が我が物顔に家を占拠し、私が声をからしてお願いしても、玄関を開けてくれなかったのです。

中にいるのはわかっていたのですが、どうしようもありませんでした。手ぶらで帰った私を見て、母も悔しそうに泣きました。これが敗戦後の現実の一端でした。

私たち親子が三時間も四時間も長い列に並び、やっと撫順駅から乗った汽車は、家畜用の貨車でした。すれ違う客車の乗客は中国人です。引き揚げ列車は無蓋の石炭運搬車や牛、馬、豚

などの運搬車です。敗戦国の屈辱が、子供心にも分かりました。夜中、中国人たちに襲撃され、わずかな持ち物を寄せ集めて渡すしかありませんでした。母は怯える子供たちをかばって、一睡もできないことがあったそうです。

引き揚げ列車は葫蘆島《ころとう》に向かっていました。その港から日本行きの船が出るのです。

列車の外側は鉄で、七月の炎天下の中、触ればヤケドをしそうでした。母が作った乾パンや、お餅をあられに揚げたものなどを食べました。やっと止まった駅で、世話役がスイカや甜瓜《まくわうり》を買って持ってきてくださったので、ようやくのどを潤すことができました。

途中、草原で降ろされ長い道を歩いて、兵舎で船待ちをした時は悲惨でした。便所は野外にあり、深い穴の上に板が掛けられているだけです。落ちたら便まみれで、誰も助けられないと本気で諭されました。

女性もお尻丸出しで用を足すのですがもう誰も恥ずかしがりませんでした。

断片的な記憶の中で港にたどり着いた時「興安丸」と書かれた大きな船が、赤十字と日の丸の旗を掲げ停泊する、岸壁の光景を覚えています。

船中での記憶は、船酔い以外にありません。いったい母は、どうやって私と三人の弟を連れて帰ってきたのでしょうか。

●やっと日本に帰ってきた！

昭和二十一（一九四六）年九月一日、私と弟は川島小学校の三年生と一年生に編入しました。進級していないのは、私たちが満州で終戦を迎え、日本に引き揚げてくるまで、一日も学校に行っていなかったからです。

川島小学校は曽祖父の土地に、祖父が学校を建てたのですが、すでに古びており、疎開や引き揚げの子供で教室が足りませんでした。

苦肉の策として、渡り廊下のあちこちに急増の教室が作られていました。教師の数も足りませんでした。戦争で多くの先生たちが戦死したからです。捕虜になっていた方も多かったはずです。

終戦後二年経っても、先生が不足していました。教科書もノートも満足にありませんでした。

毎晩ラジオでは、「尋ね人」という番組があり引き揚げてきた人や、家族を捜している人の話が取り上げられました。

私たち家族は聞き耳をたて、輪になってラジオを囲み、父の情報を家中で待ちわびていまし

た。母は「お父様が帰ってくれれば、みんなよくなるから」と私たちを励ましてくれていたのですが。

●満開の桜の下で父のお葬式

昭和二十二（一九四七）年二月、私が四年生の三学期のことです。学校から帰ると、母が竈《かまど》の前で薪をくべながら、とても大きなお釜のお湯がたぎるのも構わず、炎を見つめて泣いていました。

祖父は座敷の長火鉢の前で火の消えたキセルをかみながら男泣きをしています。祖母は取り乱して声を荒立て「醇！　醇！」と、父の名をうわ言のように呼んでいました。

この日、私が帰宅する前に、市役所から、父の「外蒙古《そともうこ》（現・モンゴル）抑留戦病死の公報」が届いたのです。事情を知った私は、母と納戸に入ってわんわん泣きました。

荒井の家は、戦後の荒波をまともにかぶっていました。農地解放で、祖父は不在地主だったため、広大な地所をすべて失い、一万二千坪の家屋敷が残るだけになりました。さらに高額な財産税を納めなければなりませんでした。

曽祖父が遺した美術品の数々や、祖母がコレクションした美しい帯の数々も（大人になって龍

村の美術帯と判明）、塗りの道具の箱もいつの間にか売り払い、蔵の中はガラガラになっていました。

日本の旧家の「お宝」は、主に進駐軍がお土産として買って、母国に持ち帰ったそうです。そのおかげで私たち家族も、どうにか戦後の生活ができていたようです。

そんな苦しい生活を、「父さえ帰ってくれば」という、この呪文《じゅもん》で何とか頑張ってきたのです。

残された家は、年寄りと私たち親子には広すぎました。上段の間の雨戸は閉めていましたが、幅の広い廊下を私たち子供が雑巾がけをしていました。また、父の妹も有能な弁護士だった夫を南方戦線で亡くし、実家に戻っていました。戦争は人間の幸せを、容赦なく叩き潰《つぶ》してしまいます。

切り倒された桜の根株に
脂が吹き出ていた（筆者画）

四月の初め、父（享年四十二）のお葬式が営まれました。母たちは父への思いを込め、庭の六本の桜の大樹が満開になる日を選びました。

東北帝国大学時代の父の親友、石井栄氏が葬儀委員長になってくださいました。大洋漁業株式会社（現・マルハニチロ株式会社）の役員でした。

大勢の友人・知人や親戚の方たちが遠方からおいでくださり、父の無念の死を悼んでくださいました。友人たちは戦後日本の復興のために活躍していました。しかし、終戦間際の招集で戦死なさった友人たちの数も大変なものでした。

●父との約束・大学設立の夢

石井様と父は企業人となった時、将来「若者の健全な志を伸ばす」大学を作る人生の夢を語り合い、約束していたそうです。

後に石井様が尽力なさった神奈川県厚木市の「幾徳工業大学（現・神奈川工科大学）」です。今や全国に誇る大樹を育んでいます。大学は志高い若者を世に送り出しています。石井様ご夫妻には、私が嫁いでからも親戚のような慈しみをいただきました。

昭和三十年ごろだったでしょうか、厚木市に七万坪の「大洋漁業の土地の半分を使い、学校を作ることになった」と連絡があり、ご夫婦で私を車に乗せて、ご案内くださいました。

無口な石井様でしたが、夢を語るお話はとても壮大で希望に満ちるものでした。

●母の覚悟と独立

私が五年生になった時、母が川島小学校の先生になりました。父が戦病死してしまったので、母が働いて家計を支える必要があったのです。

「会社も家も何もかも失ったけれど、身に着けた教育や知恵は誰も取ることはできない。元気だったらまた新しい人生を出直せるわね」

これが満州からの引き揚げを体験した母の考えでした。

私が中学生になったころ、教育委員会から「川島小学校の校長住宅が空いている」と勧められ、父の家から自立し、引っ越すことになりました。

この家も、昔祖父が隆盛だったころに寄付したものでした。私たち家族は安住の地を得て、やっと穏やかに暮らすことができました。

私が嫁いだ頃、母は転勤を機に、東北本線の古河駅近くに新居を建て引越し。息子達が大好きな「おばあちゃんの家」になりました。

第二章　「学生」時代の大事件

●いじめと登校拒否

川島小学校を卒業すると、二つの小学校が合併した下館第二中学校に通学します。学校は自宅から二キロ以上あり、私は自転車通学をしました。今思えば、これは贅沢だったのかもしれません。

中学にはうまくなじめませんでした。満州から引き揚げてきた私は、方言がどうしても使えません。それが新しい地元の生徒たちには、気取っているように映ったのでしょう。

さらに拍車をかけたのは、医者の娘である従姉妹たちからもらった、おさがりの洋服。これがちょっとオシャレだったのです。

結局「お高くとまっている」と勘違いされたようで、三学期になると私はいじめの標的になりました。

学校の帰り道、男子生徒たちが待ち伏せていて、私が自転車で土橋を通ると、橋の下から下駄や運動靴を十足ぐらい飛ばしてきました。私は訳が分からず、恐怖で震えあがりました。

「助けて！　助けて！」と、心の中で叫びました。

次の朝、学校で担任の先生に、昨日の橋の出来事を「言いつけた」のですが、先生は男子生

徒たちに注意はしませんでした。

幾日か経って、また私が橋の上を通ると、面白がって二回目の攻撃です。男子生徒たちの大声とともに、下駄や靴が飛んできて私は悲鳴をあげました。

私はスピードを上げ、うまく橋の上を通り抜けましたが、本当に怖い思いです。なぜこんな意地悪をされるのかわかりません。自転車をこぎながら、ぽろぽろ涙がこぼれました。

家に帰ると私は「小さいお母さん」なので、弟たちの面倒をみなければなりません。弟たちのお弁当箱を洗いながら、また涙がでました。

母が学校から帰ってきて、先生の洋服から普段着に着替え、急いで夕飯の支度をしてくれました。私は母の手伝いをしながら、どうしても「今日の情けない思い」を伝えることができませんでした。

三回目、とうとう下駄が頭に当たり自転車ごと倒れました。十人ぐらいの男子生徒たちが、はやし立てながら逃げていきましたが、その中に信頼していた委員長がいました。いじめを止めてくれると思っていたのに、その逆だったのです。

私はやっと家に帰り「もう二度と学校に行かない！」と母へ書き置きをして、家出を決行しました。

●母の実家に家出！

家出の先は母の実家、栃木県下都賀郡粟野町入粟野です。中学一年の三学期、冬休みが終わって間もないころでした。

私は一人で川島駅から汽車に乗ると汽笛を鳴らしながら蒸気機関車が煙を吐き、ホームを離れました。

小山駅に着いて宇都宮線に乗るころには、辺りは暗くなっていました。粟野の家に着いたら何といえばよいのか……。樅山《もみやま》駅でバスに乗る時は、寂しさと心配で胸が潰れそうでした。

その上、この時代の田舎の道路は、舗装などされていませんので、ガタガタと道を走るバスに、気分が悪くなりました。

「齋藤さんの家に着いたよ」

バスの運転手さんは、私が齋藤の孫であることを覚えてくれていて、停留所ではないのに、いつも祖父の家の前で止まってくれます。

そこには思いがけずお祖母ちゃんが待っていてくれました。

「よくきたね、さぁ〜さぁ〜火に当たって」

大きな囲炉裏の火がぱちぱち燃えています。祖父も祖母も、母からの電話で事情はみんな知っていたのです。伯父さんも伯母さんも従妹たちも出てきて、いつも通りの温かい空気の流れる中で、私もすっかり「栗野の子」になっていました。

●祖父の言霊に触れる日々

いつもは夏休みや冬休みと春休みになると、母が私たち姉弟を連れて実家に里帰りをするのです。母は学校が休み中でも、先生たちの研修会などがあり忙しいので一晩泊まると、私たちを預けて家に帰ります。

祖父母は「父を亡くした孫たち」を、快く迎えてくれました。しばらくして私たちが自分の家に帰りたいと思うころ、母が迎えに来てくれるのが常でした。

栗野の家族は祖父母と、お婿さんの鶴吉伯父さん、伯母さん、私と同じ年の仁《まさし》ちゃん、勝子ちゃん、月子ちゃんでした。

鶴吉伯父は陸軍の近衛兵の偉い人だったようで、馬に乗った写真がいっぱい飾ってあり終戦の時は日本にいたので間もなく帰還できたそうです。

戦後は材木不足ということもあり、鹿沼の町で営んでいた材木工場が忙しく、伯父さんは朝

早く車で出かけました。戦後三〜五年ごろには自動車を持っているのは、村で伯父とほんの何軒かだけでした。

祖父は郵便局長でした。明治四（一八七一）年、新たな郵便制度ができ、祖父は郵便局事業を委託され、町の中心部に粟野郵便局を建てました。郵便局へは一キロの道を、自転車で出勤していました。

祖父が郵便局に行っている間、祖母と伯母は近くにある大きな蚕場《かいこば》をのぞきに行き近所の奥さんたちが働きに来ている手伝いをしたり談笑していました。

冬は麻の仕事場になりました。春に麻の種をまくと、三カ月後の夏の終わりに刈り取ることができ、蚕場の所まで、側溝を作って前の川から水をプールしていました。そこで刈った麻を洗ったり、蒸したり、発酵させたりします。きれいに繊維を取って、麻束を作っておくのです。二階では近所の小母さんたちが大勢でおしゃべりしながら、美しい麻糸を紡いでおり一階では男の人も交じり、麻ひもと藁で蓑《みの》を作っていました。

桑畑が青々するころは蚕を飼うので、夏の蚕場をのぞくと、蚕が桑の葉をバリバリ食べる音が大きく響き、びっくりしたことを覚えています。

私は子供のころの体験で覚えている「お米を作り雑穀を撒き、麻を植え、蚕を飼う」そして

大きいやかんには、いつも発酵させて乾かしたお茶が煎じてある粟野の様子が阿波徳島の営みと全く同じことをしていたのだと気が付きました。

子供たちは前を流れる川や川向こうの山、家の裏山で朝から晩まで遊びました。従妹たちやその友達に連れられて、遊び飽きることはありませんでした。

冬休みは田んぼに水を張ってスケートを楽しみましたが、今のスケート靴ではなく、靴に刃の仕掛けをつけたようなもので器用に滑っていました。今のスケートのイメージとはだいぶ違う氷遊びでした。

●迷子になった手紙

家出をした私の毎日は、いつもの夏休みや冬休みとは全く違いました。従妹たちはみな朝早くお弁当をもって、慌ただしく学校へ行き誰もいなくなってしまいます。

私は祖母が作ってくれたお弁当を持ち、祖父の自転車の後ろへ乗って、郵便局に連れて行ってもらうのです。

郵便局は道路に面したところが土間と事務所で、奥は座敷になっていて掘り炬燵がありました。祖父がハガキと封筒の束をドカンと持ってきて、封筒を開けて手紙を見ています。

「おじいちゃん、どうして人のお手紙、開けちゃうの？」

祖父は「日本中に粟野という地名が沢山あるからね。間違って送られてきて、迷子になっている手紙を、送り返してあげるのだよ」

まだ戦後間もないころは十分な教育を受けられない人が沢山いて、県も郡も書かずに、「粟野」とだけ書いた封筒が来るのです。

祖父は中身をよく読んで、福井県敦賀市、福島県伊達市、山口県下関、岐阜県岐阜市、茨城県八千代町などの「粟野郵便局」へ送り返すのでした。真剣にたどたどしい文字の行間から、どこへ出したいのか見つけ出す勘がとぎすまされているようでした。

「粟野という地名のある土地は、昔々、阿波から移住した人が開拓したのだ。阿波の人が日本のあちこちを開拓したおかげで、日本の国がだんだんと出来あがったのだよ」

私は祖父の話を聞きながら、阿波出身の開拓団の人たちが、日本中に散っていく様子を想いうかべました。すると「粟野の手紙が迷子になる」理由が、少しわかったような気がしました。

この話は私の根っこに強い衝撃で残りました。この家出の体験がなかったら、私は日本の歴史に携わることはなかったと思います。

「明日、お母さんが迎えに来るそうだ。電話があったよ」

ある日、祖父が言いました。

私は母が来てくれるのは嬉しいけれど、「あの悪童たちのいる学校には絶対行かない！」と、心配もどんどん膨らみました。

●母の愛で転校

母は「いじめ」の問題を、根本的に解決してくれました。

私の顔を見るなり、

「富佐江は転校しましょう。下館第一中学校の転校手続きが全部終わったわ」

母は私の様子を熟知していました。最後の手段、下館の第一中学校へ越境入学する解決しかないと考えた母は、教育委員会と掛け合ってくれたのでした。

当時は学区制が厳しい時代で、越境入学の前例もありませんでした。そのために母がどれだけ苦労したのか、想像するに余ります。母は定年まで真面目に勤めあげましたが、私用で学校を休んだのはこの時だけでした。

いじめっ子たちから離れられると聞いて、私はとても安心しました。

下館一中に行くには、汽車に乗って下館駅で降り、十五分から二十分くらい歩きます。

東京から戦争中に疎開してきた生徒たちが沢山いたので、私も特に目立つことはなく、やっ

と普通の子になれました。友達もたくさんできて、先生方にもよくしていただきました。汽車の本数が少ない時代だったので、朝早く家を出なくてはなりませんでしたが、私は何の苦にもなりませんでした。

●教科書に嘘がある？

私の進学した茨城県立下館第二高等学校は女子校で、下館第一中学校から三百メートル程先にありました。一足先《ひとあしさき》に越境入学で下館一中へ通っていたので、中学の延長のような気分でした。

一学年は八クラスで、家庭科と普通科のほかに進学クラスが二クラスありました。もっとも、そのころの地方都市は暮らし向きに余裕がない家が多く、実際に進学したのは二クラスの八十人中、三割くらいでした。

クラス担任の矢口先生は初老の生真面目な先生で、日本史が担当科目でした。日本史と世界史の授業は選択制になっており、私は旧い我が家のルーツに興味があったので「日本史」を選択しました。

ところが授業の最初の日、矢口先生はこう言ったのです。

「この教科書には嘘があります。でも皆さんは進学クラスなので教科書通りに指導します」

私は強いショックを覚えました。授業中に時々「教科書に嘘が書いてある」という言葉を思い出しては、どこが間違っているのかなという不安が、ふとよぎるのでした。

この日本史を素直に受け止められなかった若い日の思いが、七十年を過ぎた今日、思いがけないエネルギーとなって「自分のルーツ探し、日本のルーツ探し、天皇のルーツ探し」の原動力になるとは、この時は考えも及びませんでした。

●敗戦直後の荒れた世相

敗戦によって、マッカーサー元帥率いる連合国軍が日本に進駐しました。進駐軍のための歓楽街があちこちにでき、彼らは大手を振って闊歩《かっぽ》しました。

そんな中で日本人は、必死に国土の復興に取り組んでいました。ただでさえ山地が多く狭い国土の中で、都市は空襲で焼き払われ、地方には開墾されない山林や荒れ地が広がっていました。

そこに満州や朝鮮、アジア各地から、命からがら大勢の兵士や民間人が引き揚げてきました。食糧の増産は間に合わず、経済の基盤も破壊され、引き揚げてきた人たちは仕事もなく、食料

も十分ではありませんでした。

昭和二十五（一九五〇）年、朝鮮戦争が勃発しました。北朝鮮が三十八度線を越えて韓国に攻め入ったのです。韓国にはアメリカが、北朝鮮には中国が味方し、一進一退の攻防が約三年続いた末に、最初の国境の三八度線付近で休戦になりました。

この戦争は、日本に大きな経済特需をもたらしました。朝鮮半島での戦争に必要な品が、次々と日本の工場に注文されました。日本経済は一気に活況となり、多くの成金が生まれました。

下館二高・佐藤俊夫校長先生（中央。その右が筆者）と青少年赤十字団員

ところがそれは、青少年の世界にも大きな影響を与え、子供たちの素行が荒れはじめたのです。朝鮮戦争の勃発と時を同じくして、青少年の犯罪が頻発するようになりました。

新聞には連日「学校放火魔」「高校生級友殺し」「浮浪児の集団犯罪」などという見出しが躍りました。犯罪の低年齢化と集団化が、都会のみならず、山村、漁村にまで広がりました。

大人たちはこれに大きな危機感を抱き、その対策に全力

で取り組み始めました。緊急の対応として、警察による補導の強化を図りました。

それに加えて、各地ごとに「青少年関係協議会の結成活動を促進する」（昭和二十五年十二月二十五日）という指導要綱が取り入れられ、地域社会にも協力の要請がなされました。

●青少年赤十字の活動

私が通う高校でもこの要請に応え、「青少年の奉仕活動」を採り入れることになりました。日本赤十社の活動の一つ、青少年赤十字（ジュニア・レッド・クロス）（略称ＪＲＣ）の指導者育成会があり、校長は教師を派遣しました。これを受けて、早速課外活動に「青少年の奉仕活動」が導入されましたがこれは校長の大英断でした。

私は、母に青少年赤十字に入団したいと言いましたら母も大賛成でした。

「社会教育や奉仕活動には、家庭の中でも学校の中でも学べない大切なものがあるわ。これから多くの学校とつながりもできるから、いろいろな体験ができるし、面白そうね」

母は戦前に満州へ渡り、世界の広さと海外の文化を知っていました。だから自分の子供にも、世界に目を向けてほしかったのでしょう。

ホームルームや朝礼で奉仕活動の趣旨が説明され、一年生から三年生まで一二〇名が自主的

に集まり、「結団式」が開催されました。

そこで校長先生は、こんな挨拶をされました。

「私は、学校という組織の大きな『閂《かんぬき》』を持っています。この閂の働きで、学校の中に清流が流れ込むか否かが決まります。清流が流れ込めば、やがて大きな川になります。チャンスが生まれ花開くかどうかは、それにかかっているのです」

いつもの朝礼よりも、熱い志《こころざし》を感じました。

●パン屋さんオープン

私もリーダーの一人となり、暗中模索のスタートを切りました。その中で、後々まで同窓会の思い出話の種になる行事がありました。

学校とパン屋さんに交渉し、資金集めのために、昼食用のパンを販売することにしたのです。渡り廊下の角のスペースを使わせていただき、四角い缶のジャムをコッペパンに塗って販売しました。大繁盛でした。

この体験で仕入れの仕方や、売れ残りを出さない工夫など、多くの学びがありました。

これがきっかけでパン屋さんになり成功した人や栄養士の道へ進んだ人など、いくつも余談

があります。

●筑波山頂のごみ拾い合宿

下館市（現・筑西市）は関東平野の真ん中にあり、筑波山を東に仰ぎます。私たちは遠足や合宿で筑波山に登るのが楽しみでした。

しかし山頂はゴミだらけで、風が吹くとゴミが飛ぶのです。そこで「春休み合宿」をして、ごみ拾いをしようということになりました。

ビニール袋のない時代ですから、手づくりの大きな布袋を持参しました。拾ったごみは、中腹にある筑波山神社のごみ箱へ移し入れました。宮司さんは、私たちが担いできたごみの量に驚かれました。麦茶をいただいて、とても感謝されました。

後日、校長先生が朝礼でこうおっしゃいました。

筑波登山清掃奉仕の仲間たちと（左端が著者）

「筑波神社の宮司さんから、ごみ拾いをありがとうございました。早速、ごみは持ち帰るよう道案内版に書き加え効果が上がっています、というお礼状が届きました」

私たちは、奉仕活動で世の中を改善する力を持っているのだ、と実感しました。

●下館駅でお絞り配布

夏休みのことです。下館駅のホームでまだ「紙のお絞り」が珍しいころの奉仕活動です。駅のホームでお絞りと、大きなやかんに入れた氷水を配りました。まだ鉄道は蒸気機関車（真っ黒な煙をはく汽車）です。

暑いので窓を開けて走っていると、汗が黒くなりました。

この活動の責任者たちは、何回も駅長さんと面会し、諸注意に則って活動しました。百人以上の生徒が輪番制で参加しました。

私が参加した日、女子学生の「お絞り」は珍しさも手伝って、乗客の喜びようは想像以上でした。

初老の紳士から、「感心なことだ。皆さんでラムネでも買ってください」とお札を出されました。断ろうとしましたが、その時汽車の汽笛が鳴ったので、お返しすることができませんで

した。

私たちは有難くラムネを買って、一休みしました。これは私たちが、大人の格好良さを知った体験で、このことはみんなが大人になっても覚えていました。私も子供を褒める大人の行為を真似する習慣がついています。

●リーダーシップ・トレーニング・センター

八月一五日から二十日まで、日立市の茨城キリスト教学園大学で行われる青少年赤十字の「リーダーシップ・トレーニング・センター」に、藤沢栄子さんと私が参加することになりました。

常磐線の大甕《おおみか》駅で下車し、森に囲まれたキャンパスへ向かいました。夏季休暇のために空いていた学生寮に宿泊しました。

県下三十の高校から六十余名の代表が集まりました。

「青少年が赤十字の精神に基づいて、世界の平和と人類の福祉に貢献できるよう、青少年自身が日常生活の中で望ましい人格と精神を自ら形成すること」

という理念のもと、充実したプログラムが展開されました毎日講義と実習があり、それに生

徒たちが交流できる楽しいプログラムがありました。

今はバーベキューと言いますが、私たちはおしゃれで大きなレンガつくりの竈《かまど》で作った野外食を食べたのは初体験でした。天の川が流れる満天の星空、海の音も届き子供たちの胸は希望に満ちていました。

五日間の合宿は、赤十字理念の学習や救護の実習、体験発表、交換会など、とても収穫の多い体験でした。

会の終わりに私は先生たちに呼ばれました。

「秋に全国大会が日本赤十字本社で行われます。茨城代表の女子としてあなたを推薦したい。ご家族と相談をしてください」

びっくりするお話です。

「お返事をくださいね」と母へのお手紙をいただきました。

●青少年赤十字全国大会

昭和二十九（一九五四）年十一月十四日、私は東京の港区芝公園にある日本赤十字本社へ着きました。現在の本社は新しく建て替えられていますが、当時は戦火を免れた明治調の威容を

誇る建物でした。

私は茨城県川島から東京へ、初めての一人旅でした。全国から小、中学生の代表も参加し四百人ほどの大会でした。

青少年赤十字の歌「空は世界へ」の大合唱で幕が開きました。式の後、皆で夢や希望を書いたメッセージを付けた、色とりどりの風船を大空に放ちました。風船は一瞬大きな塊となって輝き、風に乗って大空に散り流れていきました。

午後からは高校生の協議会が行われ、私たちの協議会のリーダーは、橋本祐子《さちこ》先生でした。これは私にとって、生涯を左右する出会いでした。私が後年、社会奉仕活動に参加することになったのも、すべてこの時、橋本先生にタネ蒔きをしていただいたためだといっていいくらいです。

橋本先生との思い出については、次章でくわしくお話しします。

●演劇とのふれあい

私は中学で演劇部に所属していました。三年生の秋の文化祭は、演劇、合唱、英語劇などすべてが学年対抗だったので、熱がこもりました。

私たちの演目は菊池寛の名作戯曲「父帰る」でした。そのころの脚本つくりと言えば、ガリ版に蠟紙を敷き、鉄筆で一字一字全集から書き写して行くのです。

教室には風が入らず、汗まみれの大仕事でしたが、手分けして一つひとつ自分たちで作り上げるので、自然と団結が強くなりました。

私はお母さんの「おたか」の役をいただきました。着物を着慣れていたので、中年のお母さん役は拍手喝采でした。

演劇かぶれの私は、青少年赤十字の行事でも、皆を巻き込んで張り切っていました。

●高校三年生のオペレッタ

青少年赤十字で、高校三年の文化祭に歌劇の一種である「オペレッタ」をやることになりました。一年生から三年生までの会員の中で、私は脚本と演出を受け持ちました。音楽は音楽大学への進学を目指している、素敵な二年生の中澤美智子さん。

団員には音楽クラブのメンバーが大勢いたので、日ごろの集会も「音楽で始まり合唱をして解散する」と言う風で、「オペレッタ」の素地はありました。

文化祭で入賞することも目標でしたが、かねてからボランティア活動で交流のあった土浦の

児童福祉施設「道心園」のクリスマス・パーティで上演することも決まっていました。

私は幼いころ、祖母からきいた昔話、「鉢かつぎ姫」をやりたいと思いました。皆様もご存じと思いますが、こんなお話しです。

舞台は緑の山々に囲まれた村の農家です。家の前に小川が流れており、その川上には滝があります。

村里は貧しかったのですが、子供たちは明るく元気で、声をそろえて「手鞠歌」や「かぞえ唄」を歌いながら遊んでいます。

オペレッタ「鉢かつぎ姫」のスタッフ
（左上が著者）

農家の縁側でおばあさんが糸を紡いでいます。おばあさんと子供たちはとても仲良しでした。

おばあさんの家の若夫婦には、子供がおりません。三人は滝のそばの祠へ「十五夜参り」に出かけました。

すると、赤ちゃんの泣き声がするではありませんか。三人が提灯をか

ざして辺りを探すと、籠に入った赤ちゃんが置き去りにされていました。三人は驚きましたが、神様からの授かりものだと考えて、連れて帰りました。

赤ちゃんは頭に鉢を被っています。三人はこの子に「鉢かつぎ姫」と名前を付け、大そう可愛がり、慈しんで育てました。

鉢を被っているため、姫は里の子供たちにいじめられました。おばあさんは、子供たちを厳しく叱って、皆で助け合って仲良く遊ぶように諭しました。子供たちは、二度と鉢かつぎ姫をいじめることはありませんでした。

おばあさん一家は鉢かつぎ姫に、読み書き、縫い物、機織《はたおり》……何でも自分でできるように教えました。

鉢かつぎ姫は優しく賢い娘に成長しました。或る日、この家へ、病気になった旅の若者が助けを求めて来ました。若者は高い熱を出していました。

鉢かつぎ姫と家族の親身な看病のお陰で、若者は元気を取り戻しました。若者は姫に結婚の約束をして、いったん別れを告げました。

間もなく、凛々《りり》しい若者がお供を連れて、鉢かつぎ姫を迎えに来ました。するとどうしたことか、姫の頭から鉢がすっぽり取れて、中から輝くばかりに美しい娘が現れたのです。

不思議なことに、この鉢からは真っ白な蚕が、後から後から湧き出してきました。蚕は村の

人々にとって、とても貴重なものです。村人や子供たちに、お婆さんたちは蚕を分けてあげました。

晴れ晴れとした音楽が流れる中、若者と姫は仲良く旅立ちました。

主役の「鉢かつぎ姫」役は、中澤美智子さんをおいて他にいません。素晴らしいのです。彼女の独唱は、深く心に沁みいりました。

村の子供たちが歌った童謡は、文化祭の後も学校中の生徒が口ずさむようになり、オペレッタは大成功でした。

●養護施設・道心園で学んだこと

「道心園」のクリスマス・パーティでも、オペレッタは大人気でした。これをきっかけに、子供たちとの温かい友情を、更に深めることができました。

横田芳子副園長はパーティが終わった後、こんなお話をされました。

「この施設には保護者のいない児童、保護者に虐待されている児童、その他不遇な環境にあって養護を必要とする児童が大勢生活しています。薄幸な子供たちです。

子供に対してはかりしれない愛情を持っておられる母親が、なぜ虐待をしたり、子供を捨てたりするのでしょうか。

いずれ結婚されて、お母さんになるあなた方だからこそ、不幸な子と不幸な母親をこれ以上生まないよう、真剣に考えてほしいと願っています」

また、こんなお話もされました。

「いろいろな事情がある家庭の子ですが、『道心園』の子供たちは明るく元気に育っています。ことに学校に行く嬉しさと誇らしさを持っています。

『鉢かつぎ姫』が一生懸命本を読んだり、文字を書いたりして勉強をしていましたね。村の子供たちからからかわれるところもありました。

オペレッタという珍しいお芝居の中で〝うちの子供〟たちもたくさん、共感するところがあったと思います。私も大変心打たれました。」

皆、先生のお話に、自分たちも大きな励ましをもらったというように大きくうなずきました。

私たちは横田先生からいただいたのは、単なるお褒めのことばではなく、「立派な大人に成長する少女の心のあり方」でした。それこそがかけがえのないお土産でした。

●ヒューマニズムの理想を求めて

私は高校三年間の青少年赤十字活動の体験から、既に「目標」を決めていました。幼児教育の専門家です。

学齢期前の児童のため、いずれは川島に、幼稚園と保育園を合体させた生活の場を作りたい。夢は拡がるばかりでした。

地方の小都市にも女性が働ける場ができて、「共働き」をする家庭が増えていました。また、徐々に核家族型の家族構成にもなっていました。その中で、「幼児の危うい立場」があったのです。

私は中学生の時から、汽車通学をしていました。家の最寄りの川島駅は、田舎町の小さな建造物です。課外活動や受験勉強で夕方遅くこの改札口を通る時は、真夏でもあたりは薄闇に包まれ、冬季には真っ暗になります。

駅の外に出ると、店の灯りがぽつんぽつんとあるだけで、わずかばかりの外灯が、無舗装の砂利道を浮かび上がらせていました。

駅舎だけが明るかったので、まるで「誘蛾灯」のように、幼い子供たちの遊び場になってい

ました。

子供たちは、母親を乗せて帰ってくる汽車を待っているのです。家に帰っても、誰も居なくて真っ暗だからでしょう。

「カギっ子」という言葉が生まれる以前の、テレビもなく留守番相手もいない時代の、子供たちの姿がそこにありました。

「この子たちは、昼間はいったい、どうやって過ごしているのだろう？」

そんな子供たちの姿が、私の目に焼き付いていたのです。

母からは、短大進学の許しは貰っていました。自分自身も苦労をした母は、こう言っていました。

「人生、何時、何が起きるかわからないわ。どんなことがあっても女性は自立して、子供の一人や二人育て上げる覚悟がなければいけないと思うの。二年間、専門教育を受けておけば、必ず道はあるわ」

ところが、すぐに難問に直面しました。幼稚園の管轄は文部省で、保育園のそれは厚生省でした。双方の資格を取得するためには、二つの学校に行かなければならなかったのです。

子供と真に向かい合うためには、児童教育と福祉は統合すべきではないのかと、私は制度に矛盾を感じました。

しかしあきらめずにさらに調べるうちに、幸運なことにたった一校だけ、このような理念を持つ学校が見つかりました。

それは東京の「白梅学園短期大学」保育科でした。穂積重遠学園長（日本民法の大家）が建学の初めから「文部省令によらない自由な教育方針」を提唱し、学科や技術の習得のほかに、人間としての教養を積むことを重んじた姿勢をとられていました。

穂積先生の考えが学園全体に浸透し、創意工夫をした「教育プログラム」と関係者の情熱が、遂に国を動かし、幼稚園教諭と保育士資格を同時に取得する道が開かれたのでした。

●白梅学園短期大学に入学

白梅学園から「おめでとうございます。入学式の日、上級生の歓迎の言葉があります。荒井さんはお礼の言葉を用意してください」と連絡がありました。「出来ましたら、お母様とご参加ください」と、学園の北（郁子）先生からのお電話でした。母も喜んで前日は母の妹の「千駄ヶ谷の叔母さん」の家に泊まって学校に出かけました

白梅学園短期大学保育科の校舎は高円寺（現在・小平市白梅学園大学・短期大学）の町の中にありました。私は母と連れ立って、駅から商店街を通り、学校へ行きました。校舎には広い付属

幼稚園があり、奥に二階建ての校舎がありました。

穂積重遠学園長のご挨拶の後、在校生代表から「歓迎の言葉」をいただきました。私は全国から入学した新入生百余名の代表として、答辞を読みあげました。

「児童の保育について学ぶ志」や「幼児の知育に対して真摯に勉学に励む希望」などを、心を込めて書いた答辞でした。

母は四年制の大学に進学させてやれないことを申し訳なく思っていたようでしたが、私は三人の弟・信雄、俊雄、靖雄の教育を考え短大にアルバイトなしで入学させてくれた母に、心から感謝していました。

戦後まもない貧しさが残るこの時代、アルバイトもせず学べるのは、ほんの一部の幸運な生徒たちだけでした。

現在、長い人生を振り返ると、この大人社会へスタートを切った時の気持ちは、いまも一つもぶれていないような気がします。お陰様で自分の幹に枝葉を伸ばし、しっかりと根っこを張って生きてこられたと思います。

幼稚園教諭と保育士の二つの資格が取れるため、他の短大の五割増しぐらいの授業がありました。また、実習も多岐にわたっていました。

幼稚園、保育園、乳児院、福祉施設……。特に、苦難の多い福祉施設で働いている人々との

出会いは、心に響きました。献身的に子供たちの中で働く人、黙々とひたすら子供の世話に余念のない人……。

現場で子供たちと触れ合う中で、日常生活の視野からは気付くことさえない、子供たちの生活の場があることを知りました。

そして、それらの児童の命を育むことに心血を注いでいる幼児教育者や保育者がいることを知った感激！

私の白梅学園での生活は、僅か二年間でしたが、学問の他に珠玉の知恵と体験を授かったように思います。

●実習現場は山下清の施設

二年生になった時、担任の北郁子先生に夏休みの実習先を相談すると、即座に千葉県市川市の「八幡学園」を薦められました。

知能の発達に問題がある子供たちを入園させる知的障がい児施設で、園長先生の教育方針がしっかりしているとお聞きしました。

沿革を申し上げると、昭和三（一九二八）年久保寺光久園長のお父様（保久氏）が社会奉仕の

精神と特異児童を友とする心を持って、千葉県東葛飾郡八幡町の自宅を開放し、創設されたそうです。

そのころの日本は不景気そのもので、世界的な恐慌の真っ只中にあり、久保寺氏は私財を投げ打って経営に当たられていたそうです。まだ救護法もなく知的障がい者に対する社会基盤もない時代、想像に余るご苦労であったろうと思います。

学園では、昭和八（一九三三）年から色紙を指で千切って画用紙に貼る新しい分野の教育が、それぞれの知能に応じて採り入れられました。以来、大勢の子供たちが、貼り絵やクレパス画、木工、竹工作をするのが伝統になりました。

夏休みに入ると、二週間の実習が始まりました。昭和三十一、二年ごろの市川市は、東京のベッドタウンとして開発が進んでいましたが、学園は田園が点在する里山に囲まれた緑の中でした。建物に入ると、園長室や廊下に、生徒の漆絵や貼り絵が沢山飾られていました。その中にひときわ緻密に描かれた切り紙が、私たちの目を射竦《いすく》めました。

「清ちゃんの作品よ。そろそろ帰ってくるころね」

久保寺光久園長と副園長である奥様がおっしゃいました。

この年、マスコミに取り上げられ有名人となった山下清の「故郷の学園」が、この八幡学園

でした。彼は昭和九（一九三四）年に入園して、秀でた才能を現しました。江戸川の花火大会のころになると、清ちゃんこと山下清は、決まって放浪の旅から帰ってくるそうです。

私たち実習生は、男の子ばかり六十名ほどの子供たちと寝食を共にしました。学園では不慣れな実習生に対して、きっちりとオリエンテーションが行われましたが忘れられない言葉があります。

「抑えぬ心、責めぬ心、叱らぬ心」

心身に欠陥がある子供たちに対して、温かい心と柔軟な態度、和らいだ顔色、そしてゆったりした言葉で接するように教えていただきました。

「踏むな！　育てよ！　水そそげ！」

学園ではゆとりある環境づくりに努め、ことに健康管理には尽力されていました。わたしはこれこそが「家庭生活」の信条でもあると思いました。

これらの言葉は創設者の久保寺保久先生のもので、温もりのある文字で壁に貼られ、私たちに語りかけていました。

第三章　恩師橋本祐子先生と家族ぐるみで

●赤十字全国大会での出会い

初めてお会いした時、橋本祐子《さちこ》先生は四十代半ば。私はまだ高校生でした。

橋本先生は私が卒業した下館第二高等学校の久保田琴先生と日本女子大の親友。講演にもおいでくださり、ことにＪＲＣ（日本青少年赤十字団）の仲間たちの憧れでした。

橋本先生は明るく大きな声で話され、表情がとても豊かで大きな瞳がくるくるよく動いているのが印象的でした。

昭和二十九（一九五四）年十一月十四日、東京の港区芝公園にある日本赤十字本社でのことでした。

その八月に茨城キリスト教学園大学で行われたリーダーシップ・トレーニング・センターで認められた私は、青少年赤十字の全国大会に、茨城県の女子代表として参加していました。

そこで高校生の協議会のリーダーをされていたのが、橋本先生でした。

「皆さん。奉仕とはどういうことだと思われますか？」

先生はにこにこしながら、皆の顔を見渡しました。その時、こんなお話をされました。その内容は、ずっと心に残っています。

●奉仕とは何だろう?

四年前、「英語ができる赤十字向きの人」ということで、友人を介して赤十字へお誘いをいただきました。

私は中国で生まれで、四十歳過ぎまで一度も病気をしたことがないぐらい元気でした。それで最初、自分は医療活動や救護活動には関係がないと思い、お断りしました。

でも強く口説かれて、「奉仕団結成準備会」にしぶしぶ参加することにしました。あくまでお付き合いのつもりで、すぐに帰るつもりでした。

ところが、たまたまそこで職員さんが、「今はみんな生活のために忙しくて、奉仕をするより、奉仕をしてほしいというご時世ですよ」と言うのを聞いて、持ち前の反発心に火が点いてしまいました。そうじゃないっていう言葉が、私の心の中で何度も響きました。

皆さんはどう思いますか。奉仕って何ですか?

まず自分がお腹いっぱい食べて、余り物をくれてやるのが奉仕でしょうか?

そんな風に考える人は、いつまで経ってもお金や時間が余ることはありません。七十歳になっても八十歳になっても、「お金も時間も知恵もあるから奉仕をしましょう」という日は来な

いでしょう。

私は中国の北京から、日本へ引き揚げてきました。北京から天津まで乗ったのは、人間の乗る汽車ではなく、石炭を運ぶ無蓋車でした。一台に四十人が詰め込まれました。そこに雨が降ってきました。どうしたと思いますか？

私たちは、自分たちの風呂敷やテーブルかけを持ち寄りました。一人で持っていたら、ただの四角い布です。

でも、全員の分を縫い合わせたら、雨や風を防ぐ屋根になりました。

貨車にはトイレもありませんでした。石油缶が転がしてあるだけです。四十人もの目の前で、女性が用を足せますか？　その時、この大きな布が壁になり、助かりました。

みんながささやかな知恵と力を持ち寄って、自分のため、人のために行動することが奉仕だと思います。

橋本先生の話は、目だけではなく腕が動き、指もひらひら動くのです。みんな真剣に聞き入っていました。

この引き揚げの話は、私たち一家の体験と同じでした。私は先生のお話が、すとんと心の中に入りました。

自分の胸の中に大きな物差しができたようでした。その物差しとは、「これは自分のため、人のためになるか」ということです。

それから自己紹介と三分間スピーチがありました。

私は自己紹介では、満州の大連で生まれ、撫順市で育ったこと、先生と同じく、日本に帰る際には無蓋車で何日もかかったこと、途中で中国人の襲撃があり、空腹に悩まされことなどを話し、「この体験から二度と戦争がないよう力を尽くしたいです」と結びました。

スピーチでは、夏休みに下館駅で「お絞り配り」をして、自分たちが考えていた以上に多くの人から喜ばれたことをお話ししました。

三日目に浦和の小松原高校へいきました。学校ぐるみで青少年赤十字の指針を採り入れていて、講堂で大歓迎会がありました。

そこで橋本先生の「人道主義」の講義がありました。

私たちはこの時初めて、「奉仕活動」が「ボランティア活動」と表現されることを知りました。

今、私たちの日常で「ボランティア」という言葉が違和感なく通用していますが、橋本先生が全国を行脚して根付かせたのです。

●橋本先生にいただいた三つの呪文

私は橋本先生に目をかけていただいたと勝手に思っていました。橋本先生は、いつも私のことを「富佐江さん」と呼びました。

「日本はまだ男性優先。女の子はお嫁に行くと苗字が変わってしまうでしょ！　苗字はせっかく覚えてもソンよね」

同じ中国からの引き揚げ者だったことにも、親しみを感じてくださっていたのかもしれません。

「富佐江さんは、どんな中国語を覚えていますか？」

私は記憶にある言葉を、カタコトで並べました。頷きながら聞いておられた橋本先生は、三つの中国語を教えてくださいました。

「挺好《てんほう》」褒めて育てる、いいね、すてきね

「没法子《めいふぁーず》」仕方が無い、どんまい。あきらめる時は、潔《いさぎよ》くあきらめるということ。

「漫々来《まんまんらい》」あせらず、ゆっくり。時には急がないことが大事。

「富佐江さん、この三つの言葉は忘れちゃだめよ」

私の耳の中には、今でも先生の美しい北京語が残っています。「挺好《てんほう》」「没法子《めいふぁーず》」「漫々来《まんまんらい》」。口の中で繰り返していると、なんだか呪文のような響きでした。

この三つの言葉は私の心の奥深くに入り込み、いつしか大きな意味を持つようになりました。人生の節目に、先生の優しい声とともに、心の中に甦るようになりました。

●運命の再会

東京の白梅短期大学では、他の短大の五割増しくらいの授業のうえに実習があり、勉強漬けの日々でした。

卒業後は幼稚園の先生になり、毎日が無我夢中で、とてもボランティア活動どころではありませんでした。

二年目の秋、担任の子たちが年長組になっていました。こんな折、突然お見合いの話がありました。私は仕事が面白い中、全く乗り気ではありませんでした。

ところが、同伴してくれた叔父が預かってきた釣り書きを開いてみると、相手の男性の住まいは何と港区浜松町でした。

（橋本先生にお会いできる！）

その瞬間、そうひらめきました。日本赤十字社に徒歩で行ける場所だったのです。これはご縁だと感じ、私の心が百八十度動いたような気がしました。

それをきっかけに周りがどんどん動いていき、とんとん拍子で結婚が決まりました。

新婚旅行はプロペラ機で大阪へいき淡路島で最高の渦潮を見て四国に入り宇高連絡船で岡山から帰京しました。今思えば阿波がルーツの我が家のしきたりだったのかもしれません。

鈴木家のお嫁さんは大変、慌ただしい日が過ぎ、ようやく少し落ち着いたころ、私は学生時代お手伝いに行っていた日本赤十字社へ伺いました。橋本先生は青少年課の課長になられていました。

私の結婚報告を聞くと、先生はとても喜んでくださいました。

「富《ふ》佐《さ》江《え》さん。おめでとう！　人生の演出家はご自分よ、ご結婚も良い決断だったわ。浜松町だったらお近くね、嬉しいわ」

私は橋本先生の口から飛び出す「言霊」が大好きでした。この日の「人生の演出家はご自分よ」は、私の「人生語録」になりました。

ところが私のお嫁さん業は想像以上に忙しく、息子二人の誕生もあり、日本赤十字社が近くてもなかなか出かけられませんでした。

●パラリンピックがやってくる

長男が徒歩圏の東京・芝公園にある、明徳幼稚園（増上寺が経営）の年少組に入園しました。息子は幼稚園やお友達が大好きで、門を入ると後ろも見ずに園舎に飛び込んでいきました。

私は息子を幼稚園に送り、迎えに行くまでの時間、日赤の青少年課に立ち寄りました。橋本先生は猫の手も借りたいお忙しさでしたから、私は先生の「猫の手」になるのが楽しみでした。

このころ青少年課は、パラリンピックの準備で多忙を極めていました。

昭和三十九（一九六四）年の十一月、待望の東京五輪の開催が決まっていましたが、終了後には、身体障碍者の世界大会である「パラリンピック」の開催も控えていました。

日本はオリンピックの準備に、国を挙げて尽力していました。道路が整備され、東京を中心に多くの競技施設が建てられました。新聞やテレビの報道でも、オリンピックムードは盛り上がっていました。

しかしパラリンピックに対しては、「五輪に付随している大会」として、仕方なく開催するという認識に近く、人材も予算も淋しい限りでした。

このような情勢の中、橋本先生はオリンピック運営委員会に招かれ、「パラリンピック東京

大会」の「通訳部門」を依頼されました。

パラリンピックには、二十二ヵ国の日本語を話せない人たちが集まる予定でした。これは大変な仕事でしたが、橋本先生の周りには青少年赤十字の卒業生や、先生を慕う多くの若者がいました。それは先生が、分け隔てのない包容力と、力強い教育術を持ち合わせていたからです。とても人使いが上手で、魔法のように若者をやる気にさせてしまうのでした。

●赤十字語学奉仕団の結成

先生は、青少年課に出入りする学生たちに言いました。

「みなさん、これはチャンスよ！　いま日本の障碍者問題への取り組みは、世界よりも遅れています。パラリンピックは、それを一気に挽回する絶好のチャンスなのよ！　そのために、通訳が必要なの」

このピンチをチャンスに変える「発想の転換術」は、若者たちの心を大きく揺り動かしました。

「さあ、みなさん、一人十人ずつ通訳の協力をしてくれるお友達を集めてきて！」

この叱咤激励に応えて、次々に通訳奉仕の希望者が集まりました。そして精鋭百五十余名が

選出され、「赤十字語学奉仕団」が結成されたのです。

まだコピーもパソコンも普及していない時代のことです。私は活気に満ち満ちた日本赤十字本社で、封筒書きやカード書きなどの雑用のお手伝いができるひと時を、とても楽しみにしていました。四月十八日、日本赤十字本社において、日本赤十字社名誉総裁皇太子妃美智子妃殿下（現・上皇后陛下）をお迎えして「赤十字語学奉仕団結成式」の運びとなりました。

この時のお言葉を紹介させていただきます。

●美智子妃殿下のお言葉

「今年の十一月、東京オリンピックに引き続き、身体障碍者のパラリンピックが日本で開かれることになり、多数の外国の方々をお迎えすることになりました。この方々の通訳のため、日本赤十字社の若い方々が中心になって、今回語学奉仕団を結成されることになりましたことは、まことに意義深い企《くわだ》てと喜んでおります。

（中略）

まだ開催までに数ヵ月が残されております。その期間の皆様の努力が美しい実を結び、東京パラリンピックが若い皆様の工夫と温かい心のゆきわたった大会になりますよう祈っておりま

す」

大会が開催される前、美智子妃殿下が選手村へ、着物をお召になってご訪問をなさいました。美しく優しいお言葉に選手たちは大喜びでした。

女子の選手は三割ほど。私も訪問着で参加しました。外国の女子選手たちは、初めて着物を見たと、私の周りで興味津々、通訳のお嬢さんたちの助けで話が弾みました。

●パラリンピックは大成功

パラリンピック開催は好天に恵まれ大成功でした。語学奉仕団のメンバーも本番までに特訓を受け、無事にミッションを遂行することができました。

大会では、外国の選手たちが車いすを自在に操り、筋肉隆々の体は車いすからはみだしそうでした。皆さん屈託なくよく笑い、他の国の選手とも身ぶり手ぶりを交えて、表情豊かに談笑していました。

この様子は、私にとってとても感動的でした。おそらく他の関係者や日本選手自身もそう感じたのではないかと思います。

日本の選手は、障碍者施設の箱根療育園などからの参加です。筋肉のついた選手などいませんでしたし、社交性や朗らかさもあまり感じられません。

外国の選手たちの自由で闊達な姿を間近で見ることで、大きな刺激を受けたのではないでしょうか。パラリンピックの開催は、国民一人ひとりが障碍者の存在について、行政も動き日本の遅れた教育体制も改め強化されるきっかけになりました。

施設を見学できたことで、バリヤフリーに改築された選手村の機能的な構造は、日本の建築様式にも大きな影響を残しました。

何よりも大きな成果は、障碍があっても体を鍛え、スポーツに参加できるという意識が、障碍者自身に広がったことです。皇太子ご夫妻のご支援もあり、身体障碍者の国体が発足し、障碍者スポーツが世界に伍して発展を遂げている現在、感慨深いのはこのパラリンピックが、障碍者自身も家族も教育者も大きな収穫であり活気づいた、障碍者スポーツ元年になったことに立ち会えたことでした。

●朝のニュース番組に衝撃

昭和四十（一九六五）年の秋のことでした。家族で朝食を摂っていた私は、テレビの画面に

視線が釘付けになりました。

我が家では毎朝七時三五分、ＮＨＫテレビの「スタジオ一〇二」のスタートに合わせて、朝食を始める習慣でした。

これは春から始まった新番組で、爽やかな音楽に乗り、毎日のニュースや日本各地の話題が取り上げられ、人情味のある新鮮な番組で人気がありました。

その朝は、福岡にある盲学校の生徒たちが、カタカナの文字を書いている場面が、画面いっぱいに映し出されていました。それは盲人の方が使っている点字とは違う、普通の文字でした。

「皆さん上手に書かれますね。どうして点字ではなく、墨字《すみじ》を練習しているのですか？」

アナウンサーの質問に対して、生徒たちは答えました。

「お父さんもお母さんも、点字が読めないからです」

「墨字を覚えて、やっとハガキを出せるようになりました。すごく嬉しいです」

「墨字でハガキを出したら、母から、嬉しくて涙で読めなくなった、と返事がきました」

まだ、電話がない家もあった時代です。ハガキや手紙は、離れて暮らす家族への貴重な通信手段でした。

「ご両親に手紙が出せるようになって、本当に良かったですね」

アナウンサーが締めくくり、盲学校の相川先生がコメントをされました。

「盲人にとって、点字が唯一の知識の窓です。でも一般の人は点字が読めません。子供から連絡する手段がないのです。ですから、墨字でハガキが書けたら、ご家族がどんなに嬉しいことかと考えて始めました」

その後、相川先生がこんな悩みを打ち明けられました。

「墨字を覚える見本のカードは、指先で読めるように、和紙でよったこよりを使って作りますが、みんなが使うのですぐに壊れてしまいます。毎晩夜なべです」

●アルミ箔に文字を書くアイデアが浮かぶ

私は短大の保育科で学び、障碍児の寮で実習もしました。パラリンピックで盲人の選手のエスコートもしました。

ですから、この問題にとても興味を持ちました。工夫したら、もっと良い方法が見つかるのではないか。

義母の実家がお茶問屋だったので、家に茶箱がたくさんありました。私が目を付けたのは、箱の裏に貼ってあるアルミ箔です。

（このアルミ箔の裏からカタカナを書いたら、文字が浮き上がるのではないかしら！）

閃くものがあり、さっそく、はがれたアルミ箔に鉛筆で試してみると、はたして指先で読み取れそうな文字が書けました。アルミ箔の文字は思った以上にしっかりしていますし、かりに壊れたとしても、またすぐに書けるという利点がありました。

「カードにこよりを貼りつけるより、よっぽどいいわ！」

私の一日は、大家族の世話で目がまわるような忙しさです。とくに五歳と三歳の息子がいますので、二人が寝付くまでは時間がままなりません。

それからやっと一息ついて、夜の楽しみにカードを作り、盲学校へのお手紙を添えてお送りすると、大好評でした。

私の話に、夫も興味をもち乗り気になりました。夫はアイデアマンで、夫婦ですごろくや、トランプ、かるたなど思いつくままに作り、お年玉として送りました。こういう交流を続けていくうちに、学校から紹介されて朝日新聞から取材があり、記事になりました。

●盲友会の活動と明るい社会賞

記事の余波でしょうか。ある日突然ＮＨＫから、「スタジオ一〇二」に出演してほしいという依頼がありました。

当日、私が愛宕山のNHKスタジオへ伺い、福岡の子供たちが中継で出演して、私たちは初めて対面しました。今でこそテレビは世界をつないでいますがこの形式の対談は、当時は初めてとのことで、大反響になりました。

番組を見た人たちから、アルミ箔の提供やボランティアの申し出が殺到しました。これは私だけでは対応しきれないと思ったので、すぐに橋本先生にご相談しました。すると、奉仕課の村上課長をご紹介いただきました。

こうして、連絡先を奉仕課に置き「盲友会」が発足しました。盲友会は、視力障碍者の役に立ちたいという人たちからなるボランティアグループです。

朗読奉仕、アルミ箔を用いた教材作り、不要になった点字教材を希望の学校に送るグループもありました。奉仕課に寄せられた様々な依頼を、盲友会のメンバーは着々と処理していきました。

翌年の二月になると、またびっくりする事件が起きました。朝日新聞社から電話があり、「明るい社会賞」が授与されるとのことでした。授賞理由は、「アルミ箔で愛の便りを続けている」ことに対してでした。立派な記念品と賞金をいただきました。私はこのお金は、「盲友会」のために使ってほしいと思いました。皆さんで相談したところ、「沖縄盲学校の図書室」造りに、協力することになりました。

当時はまだ沖縄は本土復帰前でした。本土では立派な校舎の盲学校が各地にできているのに、沖縄では狭い校庭で塀もなく、教室も足りないので間仕切りして使っているということでした。まして専用の図書室などありませんでした。

そこで盲友会では、重点的な支援に乗り出しました。会員が点訳本を集めて送り、点訳奉仕や朗読奉仕のための資材も学校側の要望に応えてお送りしました。

大勢の心が一つになって目標に向かうことができ、大変大きな成果を上げることができました。

そして身に余る「朝日新聞明るい社会賞」を賜りました。

●美智子妃殿下（現・上皇后陛下）の思い出

昭和四十一年四月十五日から二十日まで、新宿・小田急百貨店で「身体障がい者展」が開催されました。

「盲友会」にも、一つのブースを使うようお誘いがあり、村上課長のもと、私とメンバーが参加することになりました。

オープニングの十五日九時半、皇太子ご夫妻（現・上皇陛下ご夫妻）がご入場されました。皇

太子殿下はグレーのスーツを、美智子妃殿下は鮮やかな萌黄色のツーピースをお召でした。補聴器、義足など補装具ブースでご説明を受けて、いよいよ私たちの前においでになると、美智子妃殿下の足がぴたりと止まりました。

「新聞やテレビで拝見しております」

そして教材について、次々専門的なご質問をいただき、アルミ箔にためし書きもなさり本当に興味を持っていたものに出会えた……そんなご様子でした。

美しく、優しいお声で、親しみ深く語られました。

「学生時代、わたくしは点字奉仕をしておりました。奉仕の皆さんは図形を書くのに、大変苦労をなさっていましたから、アルミ箔に簡単に図形が書けたら助かりますね。私は点字の楽譜をつくっていました。大変良い工夫をなさいましたね」

皇太子殿下は「興味深く拝見しました。是非今後も研究を深めてください」と、ご丁寧なお励ましをいただきました。

美智子妃殿下の点字楽譜へのご奉仕は、この後も続いていきます。点訳した楽譜の普及に取り組む「点字楽譜利用連絡会」（点譜連）平成一七（二〇〇五）年に設立されたのは、美智子皇后さまのご寄付がきっかけでした。

代表の和波孝禧《たかよし》さん（七五歳）は、一五周年記念コンサートで、
「美智子さまをはじめ、多くの方のご支援でここまで来られました。コロナ禍の折ですが、聴く人が幸福な気持ちになれるような演奏会にしたい」
と意気込みを語りました。和波さんのご活躍でどれだけ多くの視覚障がいのある方たちが音楽に親しみ楽器を奏でているかしれません。

●盲学校の生徒と「身体障がい者展」に参加して

昭和四十二年（一九六七年）四月、小田急百貨店の「身体障がい者展」にも「盲友会」にお声がけいただき、かねてから交流のあった新潟盲学校の中静イミ子さんと、椿文子さんにご参加いただきました。

この年のオープニングには義宮殿下と華子妃殿下がお出ましになられました。両殿下は中静さんや椿さんがアルミ箔の手紙をさらさら読む様子に驚嘆されました。

アルミ箔の文字を指で流れるように読むのです。二言三言、優しいお話かけにお答えしながら、二人はとても輝いていました。

その後も長いお付き合いがあります。イミ子さんは水泳の選手で国体にも出ました。結婚さ

れて大阪へいき疋田さんになられたのですが、ある年のお正月にお誘いいただいて手づくりのお節《せち》で迎えてくださったことや晩秋の京都を散策したことなどを思い出します。

●家族ぐるみ忘れられない恩師

橋本先生とは、家族ぐるみでお付き合いをいただいていました。橋本先生は、初対面の夫を虜にしました。私が見たことがない夫の話の弾みぶりに橋本先生の魂の掌握術、人間力を再発見しました。

橋本先生ご夫妻には、子供さんがおられませんでした。

「自分の子供はいないけど、赤十字にたくさん子供がいる。その子たちに看取ってもらうのよ」

と、おっしゃっていました。

その言葉通り、橋本先生は障がい者、青少年教育の先駆者として福祉・国際協力の分野で指導者づくりに心血を注がれ、「ボランティア」という言葉を日本に定着させました。また、偉大な教育者であり、皇室の皆様方のボランティア・プランのアドバイザーでもありました。

橋本先生との思い出は尽きませんが、橋本先生にいただいた三つの呪文をはじめとする橋本

語録は、私の体にしみこんでいます。

そして、いざという時に突然語録が飛び出してくるのです。先生の語録を持っていることはありがたいことで、これまで私の人生を導いてくださっています。そしてこの語録は私の周りに拡散しています。

●人生の節目で蘇る三つの呪文

先にもお話ししましたが、初めてお会いした高校生の時、私が知っている中国語の中から「この三つは忘れないでね」と、教わりました。

挺好《てんほー》、漫々来《まんまんらい》、没法子《めいふぁーず》の三つです。これにまつわる思い出を少しお話しいたします。

挺好《てんほー》は褒め言葉で、いいね、うまいね等という時に使います。

私が新米の幼稚園の先生だった時、この言葉を子供たちとのコミュニケーションのキーワードとして使おうと決めました。

だけど実際に使ってみて、大事なことに気が付きました。子供たちの様子をよく観察して、しかるべきタイミングで使わないと、子供の心に響かないのです。心から褒めることも大切でした。

のんちゃんの「だらしなさ」には手を焼いていました。靴を上履きにはきかえる時、決まってぬいだ靴は放り出したまま。そんなのんちゃんが、名犬ラッシーの絵が描いてあるズックを履いてきた朝でした。

「のんちゃん、ラッシーをおうちに入れておきましょうか……」

「ラッシー、ちゃんと待っていてね」

下駄箱に、のんちゃんの靴は納まりました。

「良くできたね、のんちゃん、エラーイ、・エライワ！　挺好！　挺好！」。

漫々来《まんまんらい》は、ゆっくり落ち着いて、という意味。

私は二児を授かり、二十五歳で子育て最盛期を迎えました。

家事、育児、会社の手伝い。天手古舞いでした。「漫々来」なんて、すっかり影をひそめてしまいました。ひょいと気が付いた時、我ながらため息が出ました。

「早く起きなさい！」「早く食べて！」「だから……早くと言ってるでしょ！」

大人は、親のペースで朝から晩まで子供を追いたてています。朝からいったい何回「早く！早く！」を口にしていることか。

我が家は、義父母も同居の大世帯だったので、子供は母親に「早く！　早く！」と叱られは

するものの、傍らにはいつも助っ人がいました。

洋服の着替えも食事も、当人を急がせながら大人が先回りして手伝う〝過干渉〟状態でした。私自身、落ち着く余裕が必要だと反省しました。せめて〝間〟を持たなければなりません。ボタン掛けだって本当は一人でできる筈なのです。

「早く」というよりも、「ゆっくり、穴とボタンをよく見て…ホラ、〝こんにちは〟って入れるのよね」

子供は、「出来た、出来た！」と順々にボタンを留めていく。一分、いや三十秒待って、ボタンを留める。靴下も自分でしっかり履けるように、応援することです。

いらいらしながら急がせるよりも、ゆっくり一歩ずつ自分の力で歩ませる「間」の取り方を橋本祐子先生は「漫々来」の言葉に、託してくれたのでは、と今になって思います。

私たちの世代は家庭の中で子育てや家事に取り組み、社会でも頑張ってきました。急がなければ〝戦後の特急列車に〟乗り遅れてしまっていたでしょうから……。

橋本先生が中国大陸で生まれ、中国の悠久の歴史と大地の中で体得した「漫々来」こそ、今の日本の世相に必要不可欠のものとして響いてきます。

「ゆっくりゆっくり、急ぎすぎず、息切れしそうになったら、ちょっと待って」

私たちは深呼吸する「間」さえも見失ってしまっているような気がします。落ち着いて来し方を見返す「間を」「漫々来」から教えられているのだと思い出しています。

そして最後に没法子《めいふぁーず》。この言葉には、橋本先生にまつわる忘れられない思い出があります。それについては次章に譲りたいと思います。

●恩師の訃報

それから様々な人生の紆余曲折があり、私はいつのまにか五四歳になっていました。金融機関に勤めながら、二人の息子の子育てをしておりました。

たまたま電車のホームで買った『週刊新潮』の誌上で、橋本先生の訃報を知りました。その偶然の不思議さに、心が震える思いでした。

「墓碑銘」という欄で、先生の写真とともに、「『ボランティア』を定着させた日赤の橋本祐子さん」という見出しがありました。

恩師・橋本祐子《さちこ》先生は、平成七（一九九五）年十月六日、心不全のため八十六歳で逝去されました。戒名は「故橋本祐子大刀自之命」。

葬儀に参列した旧友は、「皇后陛下（現・上皇后陛下）よりご下賜の花の中で、大勢の子供たちを見守る遺影の笑顔が輝かしかったわ」

と話してくださいました。

合掌

第四章　結婚生活の試練

●キューピッドの来訪

少し話を戻させていただきます。

私は白梅短期大学を卒業後、杉並区の「桃井幼稚園・伸びやか」に奉職しました。環状七号線沿いにあり、中央線荻窪駅から通っていました。敷地が広く緑が多い素敵な幼稚園でした。二年間、幼稚園の先生として充実した日々を過ごしたことを懐かしく思い出します。

二年目の夏休み、私は川島の家へ帰省し、母の手伝いや、高校時代の友人たちとの再会を楽しんでいました。

私の家には縁側がありました。母は花が大好きなので、花壇には様々な夏の花が咲き誇っていました。塀際にはひまわりが十本以上、見張り番のように太陽に向かっています。

庭を見ながら母とお茶を飲み、寛いでいるところへ、同じ「阿波ルーツ」の坂入さんがおいでになりました。坂入さんはお勤めをしながら、仲人をするのが趣味という方でした。家と家を結びつけるお仲人さんが、まだあちこちにいた時代です。

坂入さんは私が高校生のころから、時々お茶を飲みに実家に立ち寄られました。母の末の妹の八重子叔母が縁談でお世話になって明野町のお醤油蔵の関口造醸会社に嫁いでいました。明

野町も阿波ルーツです。叔父はある時期から最上級のお醤油を使ってお煎餅工場も併設しました。後に従兄が「ぬれせんべい」を開発し一世を風靡しました。それはお年寄りをリサーチし、入れ歯に固いお煎餅のかけらが入り困っていたのです。研究を重ねた結果生みだした、柔らかいお煎餅でした。

坂入さんは叔母の所の従兄妹たちも縁談はみんな坂入さんにお世話になりました。

「富佐江さん、写真見るかい？」

母が苦笑いしながら坂入さんにやんわり言いました。

「この子は東京の大学に行くからダメダメ」

「そうか。卒業したら、おじさんが三国一のお婿さん探しておくからな。約束だぞ」

そんな会話が、たちまち私の記憶に蘇りました。

「富佐江さんに会えると思わなかったが、丁度よかった」

坂入さんはそう言いながら、鞄からおもむろにお見合い写真を取り出しました。

「私はまだ結婚する気はありませんからね」

そう釘を刺しましたが、坂入さんはお構いなしに母を相手に写真の説明をしました。

「この方は趣味でお茶の先生もしている。良いお人柄ですよ」

私は着物が大好きで、小さい時から慣れ親しんでいます。その写真の方が着物を着用してい

るので、ついのぞいてしまいました。

袴をつけた着物姿は凛々しく、父の学生時代の和服の写真や、家で着物を着ていた父とそっくりな風情でした。

「お祖父ちゃんも亡くなるまで着物だったけれど、いまどき着物姿は珍しいわね」

という母の言葉に、坂入さんは、

「浜松町で会社をやっている家の専務さんですよ」

と答えました。すでにお会いしているような口ぶりでした。

でも、私はこれで終わった話だと思っていました。

●歌舞伎座でお見合い

幼稚園の夏休みが終わり、元気な子供たちと再会が楽しみでした。子供の成長は早いもので、一ヵ月の間にすっかり日に焼けて逞しくなっていました。

秋風が吹き始めたころの放課後の一コマです。

「荒井先生、お客様がおみえですよ」

応接間に行くと、年配の奥様が待っておいででした。坂入さんが持ってきた「写真の彼」の

お母様でした。

「私も長野の幼稚園に二年ほどお勤めしたのですよ。つい幼稚園が懐かしくてお伺いしました」

お母様は明治時代、静岡から上京して、東洋英和女学校に進学したそうです。まだ、女性の高等教育が珍しく、幼稚園もでき始めた時代の大先輩と知り、びっくりしました。

お母様は、歌舞伎座に招待してくださいました。まだ結婚する気持ちのない私は躊躇し、ご招待を辞退しました。

「これは結婚の話とは別よ。お友達とでもお出かけになって」

お母様はそうおっしゃって、歌舞伎座の券を二枚置いてお帰りになりました。

私は当時下宿していた千駄ヶ谷の叔母の家に帰って、叔父と叔母に相談すると、叔父は歌舞伎が大好きなので大喜びでした。叔父の名は金子博といい、新宿区の教育長をしていました。

「縁談なんて、いつだって断れるんだから。僕が富佐江ちゃんをエスコートするから、ともかく一緒に行こう」

急な話でしたので、母にも電話しました。

すると、心配してわざわざ上京し、叔父に「よろしくお願いします」と挨拶をしてくれました。どうも私の意志とはお構いなしに、周りが動き出したようでした。

歌舞伎座へ行った当日は、私ではなくて、まるで叔父が主役のようでした。休憩時間も叔父と彼の間で話が弾んでいました。

帰宅すると、叔父は上機嫌で叔母に言いました。

「男が男に惚れたよ」

私は正直言って、戸惑うばかりでした。ところが、叔父が預かってきた釣り書きを開いてみると、何と彼の住まいは港区浜松町でした。

（橋本先生にお会いできる！）

その瞬間、そうひらめきました。日本赤十字社に徒歩で行ける場所だったのです。これはご縁だと感じ、私の心が百八十度動いたような気がしました。

母は叔父の報告を受けて、祖母にも相談しました。祖母も大賛成でした。

「お祖母ちゃんは六人の娘の結婚に骨を折ったから、博さんが褒めているなら間違いないわ。お付き合いしてみたら」

その言葉で、私の結婚が事実上決まりました。

翌日園児の前に立つと、この子たちが私の最初で最後の園児たちなのだという気持ちがこみあげ、愛しさと切なさで胸がいっぱいになり、私は主任の浅岡先生に相談しました。

「先日の奥様の息子さんなら、安心だと思うわ。園長にもお話しておくから、心が決まったらご挨拶するといいわ」

私は、担任の子供たちを卒園させて退職することになりました。良くしてくださった先生たちとの別れにも覚悟がいりました。

●慌ただしい結婚式

卒園式があってすぐという慌ただしさの中、三月末の大安の日に、羽田に近い高輪プリンスホテルで、「鈴木一民《かずたみ》」さんと結婚式を挙げました。鈴木家も、阿波ルーツの家でした。結婚式はホテルのお社《やしろ》で挙げました。お披露目は家業の桑野電機製作所関係者や親戚、友人たちが大勢ご参集くださいました。一民さんと私の大学時代の友人たちが相談し、しゃれた、心温まる司会進行で素敵な宴になりました。

昭和三十四（一九五九）年の春のことです。三月の末でもホテル自慢の桜は、うっすら紅色の蕾《つぼみ》をつけていました。

このタイミングで結婚式を挙げたのは、一民さんが「新婚旅行で淡路島に行って、ぜひ鳴門の最高の渦潮を見せたい」と言ったからでした。

渦は春のお彼岸ごろが満潮と干潮の差が一番大きく、世界一の渦潮ができることを、阿波徳島ルーツの彼は承知の上でした。

●驚きの新婚旅行

結婚式の夜はホテルに泊まり、翌朝早く羽田へ向かいました。飛行機に乗ったのは生まれて初めて。今のジェット機とは違い、小型のプロペラ機は、気流の関係で縦揺れがひどく、すっかり酔ったことを覚えています。

こうして予定通り観潮船に間に合いました！　現在の渦潮は、四国と淡路島を結ぶ大鳴門橋の橋げたに邪魔されていますが、それとは桁違《けたちが》いの大きな波と大きな渦でした。昔々の人々がこの光景を見た時の驚愕と崇敬の念は、いかばかりだったでしょう。

船は渦潮に翻弄されて大きく揺れます。時には、渦に巻き込まれて、船が飛び上がるようでした。私は飛行機の酔いもあって、船べりにかじりついて、生きた心地がしませんでした。甘い新婚旅行とは大違い！　まるで、私のその後の人生模様を暗示するかのようでした。

次の日、伊邪那岐命《いざなぎのみこと》を祀る神社に詣でました。現在の伊邪那岐神社はすっかり整備されて立派です。思い出とはだいぶ違います。当時の日本はまだ戦後の復興途上で、観光旅行が一般化

する前のことです。

私が今日「阿波ルーツ」を調べるエネルギーの根底には、新婚旅行の時に垣間見た、一民さんの「阿波への思いと愛情」があると思います。

それから四国に渡り、徳島の祖谷渓谷の宿に泊まり、愛媛の道後温泉にも泊まったのを覚えています。いまは廃止になった宇高連絡船で岡山に渡り、東京に戻りました。

●新婚生活とは慣れること

住まいは浜松町の会社と同じビルにありました。国道沿いでしたが、まだ車の騒音も気にならない時代でした。工場が浜松町駅の近くにあり都電が通っていましたが向かい側のお肉屋さんに横断していけたころのことです。毎日が目まぐるしく初めてのことばかりで覚えて慣れることが必要だと覚悟しました。

義父は、中学を卒業し「桑野電機製作所」に勤めていました。子供がいない社長から事業を引き継ぎ、昭和の始めから浜松町に会社と工場がありました。

ところが昭和二十（一九四五）年の東京大空襲ですべてが焼け野原になり、ゼロからのスタートを余儀なくされました。戦争はどこの家庭にも深い傷を残します。

夫は一か月の命と宣告された

子供たちは父親を励まし続けた

桃井幼稚園運動会で子供たちと

芝神明神社の祭礼で

鈴木家は四人の息子がおり、末の息子はまだ中学生で、次男と三男は大手の会社に勤めておりました。

私も鈴木の家に慣れ始めたころ、本家へ結婚の挨拶に参りました。

静岡県掛川市の郊外で、大きな茶畑を持ち、農業を営む家でした。近くに「阿波々神社」がありました。

奥の院は粟《あわ》が岳山頂にあり、天照大御神がご祭神とのことで延喜式式内社で大変由緒のある神社だということでした。

その時、子供のころに聞いた祖父の言葉がよみがえりました。はるか古代に阿波の民が各地に移住して、日本中に「阿波」や「粟」の付く地名ができたという話です。

紛れもなくこの地は、古代の阿波の民の開拓地だと思いました。私は改めて鈴木の家とのご縁を感じました。

近くに住む親戚の方たちも集まり、お祝いの席が設けられ私は嫁として、ご挨拶をさせていただきました。

●香港風邪の大流行

二人の息子も幼稚園と三年生の年の暮れ、香港風邪が大流行しました。鈴木家も次々高熱を出して寝込みましたが、なんとか回復。しかしながら夫だけがどうしても体調が整いませんでした。

翌昭和四十三（一九六八）年の元旦。我が家のお正月は祝い膳を囲んで、一服すると着物に着替え、氏神様の芝神明神社に詣で、その後明治神宮にお参りすることが長年の慣わしとなっていました。車を持っている家がまだまだ少なく、初詣の習慣も、今のように華やいで境内が埋まることなどほとんどありませんでした。

夫の風邪は暮れからまだ抜けませんでしたが、袴姿に着替えて運転し、明治神宮に着いたのは、穏やかな日差しが明るい午後でした。夫は着物の襟を正して歩き始めましたが、

「僕は車で待っているよ。一行《かずゆき》、紀之《のりゆき》、パパの分もお参りしてきてね」

悪寒がするのか、神殿まで行かず、車に戻りました。

私はお参りを済ませて、お神籤《みくじ》を引くと凶が出ました。巫女さんが、気の毒そうに言いました。

「凶はめったに出ませんから木に結んで、もう一度お神籤を引かれたら良いですよ」
教えられるままに、もう一度籤を引きますと「中吉」、私はほっと胸をなでおろしました。

一月半ばを過ぎても夫の体は、しゃんとしませんでした。

家業は配電盤の特殊なメーター製造です。義父が社長で、夫は専務。気分の良い日は工場に行っていましたが、なかなか体調が戻らないので、香港風邪の時往診していただいた先生と相談し、聖路加国際病院に行くことにしました。

●聖路加国際病院に即刻入院

聖路加国際病院には、夫が運転して出かけました。咳が出て微熱が取れないのはずっと心配でしたが、私は「大病院へ行けばもう大丈夫」と、すっかり安心していました。

まさかその日に即入院、ということになるとは、露ほども思っていませんでした。

受付に紹介状を出すと、すぐにレントゲン室に通されました。その後、診察室に入るなり、
「今日入院していただきます。よろしいですね」
有無を言わせぬ口調でした。担当医師は後のことを看護婦に任せて、すぐ次の患者の診察にかかりました。夫は病室に案内され、ベッドに入りました。私はいったん席を外して、家に電

話を掛けました。

家には二人の幼い子供が待っています。これから何をどうしたらいいのか、考えがまとまりません。義父が電話に出ました。義父は、四男の義久さんに、着替えを持って行かせようと言いました。

午後になり、先ほどの担当医師が病室にお見えになりました。夫に簡単な問診をしてから、首根っこの辺りを触診されました。

●宣告！　一ヵ月の命

「奥さんお帰りの際、私の部屋においでください……」

この時に至ってもなお、私は事態の深刻さに気付いていませんでした。

「ご主人は癌です。あと一ヵ月の命ですね、長くて三ヵ月持てば……」

主治医の突然の余命宣告でした。私はその日の記憶がここまでしかありません。迎えに来てくれた弟と帰ったに違いありませんが、刃物でぷっつりと切断したように、その後の記憶が途切れているのです。このころは新聞でもテレビでも、「癌」のことはあまり報道されていませんでした。現在とは違い、情報自体が圧倒的に不足していたのです。

私の目には、夫は咳こそ止まりませんが、いつもの姿でした。「この夫」が死ぬとは、想像もできませんでした。

夫への「告知」（この言葉が使われだしたのは、ずっと後のことです）はやめました。私は「何とかして助けたい！」と決心をしました。

息子たちには「応援団」として、パパに手紙を書いてもらうことにしました。一行・八歳、紀之・五歳の時でした。

●子供は正直！　夜なべの手紙を書き続けて

—パパへ—　　一行

きょうは、きのうデパートでかった「ファイトボール」というゲームを紀之とやりました。

三—一で、ぼくがまけました。

ぼくはきいろ玉で、紀之は青玉です。

パパがかえってきたら、ファイトボールをやりましょうね。おもしろいです。

紀之はとてもつよくなりました。紀之のかったおもちゃは、ブロックです。

はじめてなのに、りっぱにブロックでトラックをつくったのです。

ぼくがやると、どうもうまくいきません。おかしいなーとおもいます。きのうのデパートのごちそうは、ぼくはざるそばと、フルーツポンチで、紀之はくずもちと、プリンアラモードです。ママは、てんぷらていしょくで、川島のおばあちゃんは、うなじゅうをたべました。

二月十日　――一行より

パパ、これは三どめのおたよりですが、トランプですこしできることがあります。もう一つの切り方ですが、かわりばんこの切り方ではありません。両手のおやゆびとひとさしゆびで、かーどをまるめてりょうほうからまぜるのです。いつも、その切り方できっています。

それから、きょう、たろちゃんのつくえをみせてもらいました。とてもいいつくえです。ぼくのつくえのように、のびちぢみができます。

トランプのとき紀之とけんかをしました。

紀之をいじめたのは、わるかったけどしょうがありません。のりゆきが「バカ」といったからです。

紀之はかいじゅうみたいにむかってきたのでおもしろかったです。

そしたら、ママが「ひとり川島にやるわよ（私の実家）」といったのでやめました。

二月十日の夜のことです

—パパへ—

きょうは、たろちゃんたちとかまくらをつくりました。ぼくがゆきをかためると、ドサドサと音がしてやねの上のところがおっこってしまいました。それから、またスコップで山を作ろうと思ったとき、みはるちゃんとあっちゃんがきました。

そして「わたしたちも、いれてね」といったので、ぼくは入れてあげました。ゆきの山をいっしょうけんめいほったので、ひっくりかえってしまいました。くたびれたので、すこしの時間だけ、中止しました。

みはるちゃんの家からかえったゆうがたのときには、かまくらがカチカチでした。

それから、パパのかおをわすれたので、しゃしんかなんかを、おくってくれませんか。

一行より

—かずゆきくんへ—　パパより

たびたびてがみをありがとう。たくさん、ゆきがふったので、きっと、のりゆきと大よろこびであそんでいるだろうと思っていました。だけど、おひさまがあたってよい天気になると、

みちがきたなくなりますね。そして、朝はこおっているでしょう。通学の時すべってころばないでくださいね。

パパはたくさんの〝しんたいけんさ〟があったので、とてもつかれました。おといから、やっとくすりがきまったのでよくきくように、そして早く、たいいんできるようにがんばっています。

—のりゆきくんへ—　パパより

おたんじょうかいのえは、たいへんよくかけていましたね。そして、ゆきがっせんをしたり、あっちゃんのうちでおよばれしたり、たのしかったでしょうね。

おにいちゃんが、パパのかおをわすれてしまったそうだけど、きみはパパのかおをおぼえていてくれますか。ママがカメラをもってきたら、しゃしんをとってもらいますね。

ふたりとも、おじいちゃんやおばあちゃんのいうことをよくきいているでしょうね。

バハハイ（当時はやっていた、さようなら）

—二月十七日—　一行よりパパへ

きょうは、かがはらくんのたんじょう日によばれました。

手紙には「ひるごはんをたべに来てね」と書いてあったので、行くときはとてもおなかがすきました。

プレゼントをもって、かがはらくんの家にいきました。

まっさきにトランプをやりました。

それがおわったら、ごはんでした。

みんな、口々に「すごいなあ」「おばさんの手づくりのあじは、どんなにおいしいだろうな」などといっています。

ごはんは、たまごと、ハムとソーセージとなっぱのサラダです。

ぼくは、赤はんはちょっとのこしました。

そして、またあそんですこしたってコーヒーをのみました。かえりには、ケーキをいただきました。

—二月十八日—　パパへ　一行より

きょうは、みはるちゃんたちと、大きいかまくらを作りました。

大人で二人、子供なら四人は入れます。でも立ったらくずれてしまいます。

さいしょ、二十センチぐらいだったのが、だんだん大きくつみあげて、ぼくより少し大きい

ぐらいの山をつくり、そこによこあなを作りました。入口は小さいです。

でも、中は外より大きく見えます。びっくりしてしまいました。もし、パパがはいったら、

一人でくずれてしまうでしょうね。中は外よりあたたかいです。からだがぽかぽかしてきます。

パパ、かまくらをこしらえたことがありますか？　そのとき、なんセンチぐらい雪がつもったかおしえてください。

——一行より——

きょう、ひるすぎおばあちゃんとデパートへいって、こんどは八つ手品をかってもらいます。

紀之は、プラレールのゆうえんちセットの大がたをほしいそうです。

きのうは、たろちゃんとあそびました。絵を描きました。

たろちゃんの絵は、じどうしゃで、ぼくはパパとぼくとのりゆきで、紀之はパパとママとじぶんです。

テレビは、「タイガースのだっ出さくせん」です。紀之も「おもしろい」といっています。

タイガースがしけいのゆめを見て、マネージャーのいうことをききます。そこからにげようとして、いろいろなところへにげまわります。タイガースには、じょしゅがついています。ほんとうにおもしろかったです。

―一行より―

朝おきたら、たつやおじさんが来たので、「おや、日よう日かな」とおもいました。そして、ふとんの中にはいろうとするとママが、「学校、ちこくしますよ」といってぼくをおこします。紀之といっしょにきがえます。下にいって時間があったら、サンケイしんぶんの「マンガ」を見ます。

つぎに、テレビのばんぐみを見て、きまったときには「ごはんですよ」と言う声がどこかからきこえます。声のする方をみると、おぜんの上にごはんがならべてありました。

そして、ごはんをたべて、おくすりをのんでがっこうにいきました。

―一行より―

パパ、びょうきはどうですか？

学校で、がくげいかいに出る人をきめました。三年二組で出る人は三人です。その一人はぼくです。ぼくは「トン」をやります。だい名は、「三匹の子ぶた」です。

それから、ぼくはいつも「けんどう」に行っています。すこしはじょうぶになりました。

トンになるのは、はずかしいけれども、しっかりやろうと思います。それに、パパも早くな

おってくださいね。たいいんするのをまっています。三月二日は、学げいかいなのでそれまでになおって見にきてくださいね。ゆっときますけど、ぼくのかおは、みえませんよ。三年一組と二組といっしょにやります。そのことはよくおぼえといてくださいな。

さようなら

—のりゆきより—

早くなおってください。たいいんするのをねがっています。

—かずゆきくん—　パパより

いつも、おてがみありがとう、三月三日の〝がくげいかい〟にえらばれて、出るそうですね。おめでとう。

出るからには、君はトンになったつもりで、おしばいをしなければいけないよ。そうすれば、しぜんにうまく出来るものだよ。パパも早くなおって、がくげいかいを見にいきたいけれど、おいしゃさんのいいつけをまもらなければならないので、今、やくそく出来ないのがざんねんです。

パパがびょうきで、ママのいないときがおおいでしょうけれど、よいこでいてください。お

ねがいします。

—のりゆきくん—

きみのおてがみよみました。たくさんじが、かけるようになったので、パパはびっくりしました。おにいちゃんとポーカーするそうですが、けんかはしないでげんきにあそんでください。

パパより

—パパへ—　一行より

きょうは、ピアノをやりおわってマンガの本をおじいちゃんにかってもらいました。名前は「少年キング」です。

くらくなって、みはるちゃんの家でごちそうになりました。ハンバーグです。

ごはんは、ぼく三ばいもたべましたよ。おばさんが「そんなにたべてだいじょうぶかしら」といいました。

それから雪がふりました。

うちのまえに、小さい雪だるまが作ってありました。五センチメートルぐらいつもりました。

竹内くんは、四どもころんでしまいました。てっちゃんはしりもちをついてしまいました。

パパ、がくげいかいは三月三日じゃなくて、三月二日ですよ

―二月二十日―　パパへ　かずゆきより

ママに「三年生のよい作文の書き方」という本をかってもらいました。少し読み終わったとき、ママに「まま、こんなにおもしろい本、どうもありがとう」といいました。

この本には、手紙の書きかたや、作文のかきかたなどがのっています。ぼくは、ずいぶんためになる本だとおもいます。

ひょうしは、とてもりっぱにできています。それから、四年の子がぼくらが作ったかまくらをこわしてしまったのです。そして、ほかのものを作りはじめたのでぼくらはおこって、こわしにいきました。

スキをねらって、けってこわしました。みなは、かくれていました。ぼくはむかっていきますこしこわしました。

―一行へ―　パパより

かずゆきくん、毎日お手紙ありがとう。

この前は川島のおばあちゃんたちとデパートでおいしいものをたべ、こんどはママに良い本

をかってもらって、ほんとうに良かったね。

パパたちのちいさい時は〝かまくら〟はつくらなかったよ。東京はそんなにたくさん雪がふることはすくないし〝かまくら〟はさむい地方の、雪がいつまでもいつまでもある所で考えた子供のあそびだからね。

パパは、いまおじいちゃんのいうことや、おいしゃさんのいうことを一生けんめい守って、一日でも早くげんきになるようがんばっています。

のりゆきくん　パパより

パパは、けさだいぶきもちがよいので、てがみをかきました。ちかごろ、きみのてがみも、えも、もらいませんけど、げんきにようちえんにいってるでしょうね。おにいちゃんとはなかよくね。ときどき、てがみをちょうだいね。

四十三年二月二十二日

—二月二十三日　一行より

わるいことだけど、きのう、紀之がおじいちゃんの所から二百円も、とったのをぼくは、ポカンとしてかいものをしてしまいました。

たべものをかって、道で立ちたべしたのです。

きのうの夜、そのことで、おじいちゃんにしかられてしまいました。

こんどからは、もう「そんなことは、やりたくない」と心から、つくづく思っています。

ママは、きょうは、おこりませんでしたが、「こんどは、パトカーにのってけいむ所へつれていってもらう」とかいっています。

つぎはいいことです。

ピアノに行きました。さいしょがとてもいやだったけど、行ってみたら「とってもいいことだなあ」とおもいました。

パパ、きのうはお手紙やすんじゃってごめんね。こんどからは、ずうっと手紙を出しますね。

―二月二十九日―　パパより
かずゆきくん。三月二日がだんだんちかづいてきましたね。よくおしばいのれんしゅうをしていることと思います。
パパもそのころまでには、たいいんしたいと思っていましたけれど、マダマダ時間がかかるびょうきらしいです。おじいちゃんやおうちの人たちが、みんなでいろいろくすりや、えいようになるものを心配してくれているので、一日も早くなおるようにがんばっています。

きみも、これからしゅくだいや、おべんきょうがいそがしくなるでしょうけど、がっこうからかえったら、べんきょうがさきで、あそぶのはあとにしてくださいね。

のりゆきくん。

ずいぶんきみはあっちゃんとあそぶのだね。そして、ごちそうになったりパパはとてもうらやましいよ。はやくきみたちにあえるよう。

おやすみ

―一行より―


きょうは、うちにはママがいないのでたろうちゃんとあそびました。

「コロ」というあそびは、野きゅう板のようです。せつめいは、おにがたまをころがし、他の人は、一、二、三、……。

夕ごはんのとき、紀之とふたりでたくさんたべました。よし久おじちゃんがかえってきて「なんで、こんなにたべたんだ」といったので、ぼくは、「おなかがすいていたからだい」といいました。

ポーカーを紀之とやってからピアノをやりました。

—パパへ—　　一行

パパ、気分はどうですか?

きょうは、みはるちゃんとあそびました。

さいしょに、みはるちゃんをからかったので、みはるちゃんがおこってかかってきました。

ぼくはにげました。

みはるちゃんとかくれんぼをやったけど、さいしょ、べんじょ、二回目じどうしゃ。三回目はつまんないからやめてしまいました。

たかおにをやろうとしたら、のぼうちゃんがむかえに来たのでかえりました。

さっき、ふざけてげきのきゃく本をやぶいたのでママがおこって、いま、なおしています。

あしたは、まじめにがんばってやろうと心からちかいます。

パパも、びょういんでおうえんしてね。でも、テレビにうつらなくてざんねんです。

パパが見えるようにがんばってやりますよ。

—おにいちゃんへ—

きょうは、きみのてがみがないので、すこしさびしかったよ。

あしたは、またいつものようにママにもってきてもらってくださいね。

できたら、もうすこしていねいなじをかいてくださいね。

パパ

すいませんけど　やすませて……。つかれた。

―パパへ―　一行

パパ、きょうはとこやへいきました。

しばらくぶりです。

みはるちゃんのうちで、とんかつをごちそうになりました。テレビで「わんばくたんていだん」をみました。

パパは、つまらないかもしれないけどお話します。

「二十面そうが、百九十年まえ、ゆくえふめいになった、ふねのたからものをとろうとしました。わんぱくたんていだんが、なかまの人のはいれるロボットをつくりました。ぬいぐるみの二十面そうをたおしましたが二十面そうにはにげられてしまった」

という話です。それを見たのははじめてです。

かえるとき、ノートをかってもらいました。いま、あたまがいたくなりました。

―一行より―

きょうは、ひさしぶりにけんどうにいきました。

おおぜいの人だったので、一回しかできませんでした。やすんでいたのでちょうしがでませんでした。

れんしゅうちゅう、しもやけがかゆかったので、また、パパにもんでもらいたいです。パパにもんでもらったときを思い出しました。

学校からかえるとき、セリフのれんしゅうで少しおくれました。

テストで八十てんと、七十てんと、百てんをとりました。百てんは、いいけれど八十てんと七十てんは、はずかしいです。やさしいけど、見なおさなかったから、こんなまちがいになったのです

こんどは、しっかり見なおそうと思います。

―一行より―

きょうは、日よう日だけど、学校で「父親のじぎょうさんかん」がありました。

パパは、こなかったけどママがきたので、こないよりはましです。

一時間目のじゅぎょうで、五だんの九九をべんきょうしました。

パパが「ひょう」を作ってくれたので、すっかり五のだんがわかります。とてもべんきょうがしやすいです。一時間目にさんすうがあって二時間目には、りかがありました。

これはりかの時間のことです。

じゅぎょうをしているとき、ゴムで音あそびをしたので、紀之がおもしろがって、うろちょろしていました。ぼくは、とてもはずかしかったです。

かえりには、こうつうくんれんがあり、とうこうはんで家にかえりました。

ラーメンをたべて、たろちゃんのうちにいってあそびました。

—パパより—

おてがみありがとう。

パパはたいへんうれしかった。

一日もはやく、たいいんできるようがんばるね。

一行も、けんどうにみをいれているそうでうれしいよ。

紀之にも、てがみをくれるようにつたえてね。

—一行より—

きょう、あっ子ちゃんとあそびおわって、村せさんのおにいちゃんとあそびました。

おにごっこをやりました。子供自てん車のわの所がなくてもうまく走れますよ。大きい自てん車にはとめるブレーキがありますね。それがほしいのです。

村せさんのおにいちゃんのうちにはいったら、パパのお茶のどうぐがありました。パパはお茶にはずっといっていませんね。

それから、パパはきょう、かえってこれなくて、ほんとうにざんねんです。一日も早くたいいんしてかえってきてね。

うるさくしないで、ねかせてあげるから、早くかえって来てね。

きのう、神明じんじゃにおまいりにいきましたよ。

「早くたいいんしてきてね」とおいのりしました。

（注）夫は日本茶道学会の教授になっており、村瀬さんのお宅で生徒の指導をしていました。

―三月二日―　一行より

きょうは、がくげい会でした。

三年二組のきょうしつから、こうどうへはいりぶたいにのって「三匹のこぶた」の人形げきをやりました

こうどうから出るとき、おばあちゃんが「うまかったね」といいました。うれしくなりました。

きょうしつにはいり、ひしもちをもらって家にかえってきました。ママたちがかえってきて、

「一行、うまかったねえ」といったら、紀之も、

「うん、とってもうまかったね。アチチッ、しっぽがかじだっていったでしょう」といいました。

ぼくは「当たり」といいました。

ママや、おばあちゃんが、口々に「ほんとうにうまかったわ」「かぜでやすんだらどうしようかと思った」などといっていました。

—三月三日—　一行

きのうがくげい会だったので、きょうは学校がやすみです。

紀之とようち園に行くとちゅう、ぼうしやさんで、やきゅうのぼうしと、きいろいぼうしをかいました。ぼうしは、ぼくと紀之とあっちゃんのぶんです。

パパ、あした、たいいんするんだってね。うれしくてたまらない。やっとあしたかえれるんだもの。

●涙を隠しつつ、退院を決意

夫は、三月四日に退院することになりました。癌が治ったわけではありません。その逆でした。担当医師に宣告された最短の「余命一カ月」は過ぎたものの、病状は末期状態で、まるで地獄絵図でした。腎臓にできた癌が両肺をはじめ全身に転移して、処置のしようもないことが、レントゲン写真をはじめ検査で示されました。入院して十日ほどは、夫は一人で歩いて用を足していましたが、検査が終わるころにはもう、ベッドから立ち上がる力を失っていました。

私は寸暇をおしんで、病気の相談ができる数人の友人に事情を話し、良かれと思う方策を教えてもらいました。夫の両親も孫の面倒を見てくれながら〝お茶断ち〟と、早朝の芝神明神社への〝お百度参り〟を欠かしませんでした。

私が教えてもらった治療には怪しげなものもありましたし、高価な薬品や食物もあり、その取捨選択に悩まされました。その中に極めて興味深い医療器「コウケントー」があり、知人が貸してくれました。新宿の株式会社黒田製作所に、発明者の黒田先生を訪ね、使い方や効能の説明を聞くことができました。

病院は個室でしたが、持ち込み品の使用は禁じられていました。せっかくの「コウケント

ー」も使うことができませんでした。

しかし、夫は数日来腰が痛むうえに、足に火箸でも入っているような痛みが続き、鎮痛剤は効きません。

「奥さん、もうモルヒネを使いましょう」

モルヒネには強い鎮痛効果がありますが、依存性も非常に強くて、これを使うのは助かる見込みのない患者だけでした。病室に戻ると、夫は私の顔を見るなり、

「いっそこの痛む足を切り落としてくれ、それで片足になってもかまわないから……」

と叫びました。夫は自分が癌とは知りません。私はともかく夫の痛みを止めねばと思いました。

ワラにもすがる思いで黒田先生の「コウケントー」を家から持ってきてもらい、コンセントにつないで、教えていただいたように使ってみました。

カーボンから発する赤い光が肌に当たって、炎のようでした。しばらくすると、夫は安らかな寝息を立てて深い眠りに就きました。この様子を見て、私は夫を退院させて家でみようと決心をしました。

「容態が悪くなったら、すぐに救急車で来てください」

どこか事務的な主治医の先生の声を背に、私たちは聖路加国際病院を後にしました。

●涙を飲んで入学式

五〇日ぶりで自宅に帰って来た夫は数日間、明るく元気な様子を見せていました。家族は「奇跡が起こった」と大喜びでした。

しかし、夫の体力はまもなく落ちていきました。ただ、光線を当てていると、痛みが和らいで安らぎました。

四月になり、紀之が小学校へ入学する日を迎えました。新入生のほとんどが両親と連れだって行きますが、紀之の付き添いは私だけでした。知り合いと顔を合わせても、笑顔さえ見せられない、悲しい入学式でした。

満開の桜の下、校門を背に両親と笑顔で記念撮影をしているお子さんたち。その傍らを通り過ぎながら、私は心の震える音が聞こえる気がしました。唇をかみしめて、ただ帰りを急ぎました。

●癌戦争に敗れて

夫が命果てる三時間前、家族が枕元に集まり息をひそめていました。

夫は目を開け、やおら起き上がりました。

「お父さん、お母さん、ありがとうございました。富佐江と子供たちをよろしくお願いします」

私たちはその時、奇跡が起きたのではないかと一瞬思いました。それほどしっかりした声だったのです。

再び静かに寝かせ、みんなで見守っていました。やがて、すべてが終わりました。

昭和四十三年四月二十五日、家族みんなの願いも、看病の努力の甲斐もなく、我が家の座敷で夫の命は消えました。余命宣告から丁度一〇〇日目でした。

●それからの日々

父親を見送って怯え切った息子たちは、私から片時も離れようとしませんでした。私はそん

な息子たちの手を握りしめました。どんなに泣きたくても、涙を流す余裕がありませんでした。義父や義母も気を張っていましたが、跡継ぎと決めていた長男に先立たれ、どれほどの悲嘆であったでしょうか。

私は義父母の年になって、今更のように思い出します。

幼い時に父を亡くした私は、「家族」が好きで、「良い家庭」を築くことが希望でした。その夢と目標が音を立てて崩れてしまったのです。

初七日も終わり、四十九日も済ませました。この月日を私はどのように過ごしたのか……。感情の記憶がありません。きっとロボットのように、機械的に手足を動かしていたのでしょう。

●恩師の腕の中で、涙腺が生き返った

ふと、橋本祐子先生の顔が浮かびました。

「アルミ箔」で盲友会が出来たころは、家族揃って皆元気でした。橋本先生とは家族ぐるみのお付き合いで、先生は初対面から夫とも話が弾んでいました。

お正月から夫の体調がすぐれなかったので、盲友会のことは村上課長にお願いし、日本赤十字社のことは遠くになっていました。

「そうだ！　橋本先生をお訪ねしてみよう」

そう思うと夢中で橋本先生にお電話をしました。日本赤十字社に向かい、先生にお会いした日のことは忘れられません。

夫がガンの宣告を受けて闘病していたことや、宣告通りに亡くなってしまったことなどを話すと、先生の表情がさっと変わりました。先生は私を促して、別室に行きました。二人きりになると、先生は私をぎゅっと抱きしめました。

「富佐江さん、没法子《めいふぁーず》（どうしようもない、仕方がない）……没法子よ。……没法子って、自分の中で諦めがつくまで泣くのよ。泣いて、泣いて、涙が枯れて……。でも、本当の没法子が出来るのは、何年先になるのか……」

言葉が途切れ、先生の目から大粒の涙が溢れてきました。

「え？　どうして？　なぜ？」

私は戸惑いました。私は先生がいつもの口調で、力強く励ましてくれるだろうと期待していました。そうすれば、「泣くに泣けない悲しみから立ち直れるかもしれない……」と思っていたのです。

でも、先生は励ましの言葉は口にせず、ただ、私と一緒に泣いてくださったのでした。

先生の腕の中で、涙がとめどなく溢れて……、私は夫を亡くして以来初めて、心の底から泣

くことができたのでした。帰り道では、こわばった全身の筋肉が、すっかり解けていました。それはとても不思議で温かい感覚でした。

●思いがけない書き置き

夫の遺品の中から思いがけないものを発見したのは、年を越してからでした。それは額に入った小さな写真でした。

「家族みんなで撮った写真を持って来てくれよ」

入院中のある日、夫から頼まれて、病室のサイドテーブルに飾っておいたのです。たまたま額から写真を取り出して、一枚の紙が入っているのを見つけました。ひょっとしたら、遺書のつもりで書いたのでしょうか……。

行いを作《な》し終わり
心に悔いなく
顔に喜笑あり
おもいたのしく

その果報をうく
まことにかかる行いは
善く作《な》したるなり

癌であることを隠し通した心積もりでしたが、夫は自分の命の残り時間を察知していたのかもしれません。死を覚悟したであろう夫が、喜びと感謝の思いで旅立ったことがわかって、私の心も少しは慰められた思いです。

本書の執筆にあたり、吾子たちの手紙を読み返して、近所の方々が毎日こんなにも息子たちを支えてくださっていたことを初めて知りました。地域の方々の日々の温かい支援が、子供たちを明るく元気にしてくれていたのです。改めて深く感謝したいと思います。

二男の幼い絵と文は、原稿にはならない物もたくさんありました。兄の傍らで一生懸命書いたであろう数枚は、さぞ亡き夫の心を慰めたことと思いました。合掌

第五章　親子三人新たな船出

●亡夫の一周忌を終えて

昭和四十四（一九六九）年四月二十五日が夫の命日です。

初七日、四十九日、初盆、秋のお彼岸……。このような仏事は、人の悲しみを和らげるためにあるのでしょうか。義母は長男である夫の月命日の墓参を欠かしませんでした。私は唯々一生懸命自分を鼓舞しながら、毎日、息子たちを登校させ大勢の家族の中で、家事をこなし仏事をこなす日を重ねていました。

父親を亡くした息子たちは、あまり変化がないように見えました。仏事があり、お客さまがあると、はしゃいでいるように見えました。ところが寝る時には、私に強くまとわりついて離れません。寂しさの表れかと思い、愛しさで涙が流れました。

私はこの時期、床についても不安から不眠が続き、お腹がすいても食が進みませんでした。落ち込みながらも初盆、お彼岸などがあると、「しっかりしなければ」と、心に鞭を打つ思いで気丈に振舞いました。

ある日、ふと気が付くと、洋服のサイズが全部ゆるくなっていました。鏡を見ると、すっかりやつれた顔がありました。

今、私が義父母の年を越えて振り返ってみると、昔からの日本の「家の考え方」で長男・跡取りへの期待感、依存度は別格だったような気がします。

私の父・荒井醇の戦病死の知らせを受けた時の、祖父母の絶望に呻《うめ》く光景を思いだします。跡取り息子を亡くした時の祖父母と同じ風が、家の中に渦を巻いていました。

●私にとっては惨《むご》い話！

一周忌が過ぎたある日、義父母が緊張した様子で、仏壇の前に私を呼びました。

「ちょっと話があるので座って」

と、義父が言いました。

改まって何の話かと訝《いぶか》りながら、私は義父母にお茶を淹れて、気軽に座りました。

「孫たちは私たちが育て、立派に跡を継がせる。富佐江はまだ若い。再婚を考えるといい」

思いもかけない言葉が、義父の口から出ました。とんでもないことでした。私は息子たちを手放すなんて、そんな考えは一ミリたりとも、爪の垢ほども、私の頭にありませんでした。

私は、これからどうやって子供たちを育てていけばいいのか、唯々そのことで頭が一杯でした。ましてや再婚のことなど……。あまりにも思いがけない話でした。

義父母はこの提案を、お互いにとって最善だと考えたのでしょうか？　義弟たちと相談して、この結論に至ったのでしょうか？

少なくとも私にとっては、ショックでしかありませんでした。

●鈴木家の家業

義父は昭和初期に桑野社長の後を継いで改めて桑野電機製作所を創業し、浜松町の駅の近くに工場を構え営業をしていました。時流に乗って売上を伸ばしましたが、義父の経営は堅実でした。終戦近くなったころ、長男であった夫は両国中学校に通っていました。

食糧事情が悪く、毎日お腹を空かせていました。学徒動員で軍需工場に行き、勉強どころではなかったそうです。

昭和二十（一九四五）年三月十日深夜、アメリカのＢ29爆撃機三百機が、東京都心部に襲来しました。

義母たちは静岡に疎開していましたが、夫と義弟（次男）は燃え盛る二階に必死に水をかけたそうです。この時二階から見た、銀座に火の玉が降り、みるみる火の海に呑まれていく様子は、大人になっても目に焼き付いていると、夫から聞きました。

家も工場もこの東京大空襲で丸焼けになってしまいました。育ち盛りの四人の息子たちの養育と会社の再建には、さぞ大変な苦労と努力が必要だったはずです。

義父が社長、夫が専務をしていました。

私が嫁いだ昭和三十四（一九五九）年当時は、船舶やビル用の特殊な配電盤のメーター製造が主な仕事でした（現在はＩＴ用の特殊な部品を製造しています）。

夫が入院し、「余命宣告」をされた時の家族の落胆と悲嘆は、筆舌に尽くせません。義父たちは大手の電機会社に勤めていた三男（夫の弟）を退職させて、家業に就かせました。四男（夫の弟）も大学卒業を待って、入社しました。

夫一人の死が、周りの人々の人生をも、大きく変えてしまったのです。

●工場は面白くないからいや

仏前で聞いた義父母の提案について、私は身の振り方を考えて自分の手元で育てたい！　でも一人で決めるわけにはいきません。かといって、やっと小学四年と一年になった幼い息子たちに、事情が理解できるでしょうか。

私は自室に入って気持ちを落ち着かせ、思い切って長男に尋ねました。

「お祖父ちゃんの工場の仕事のこと、どう思う?」

「僕は工場の仕事は好きじゃないなあ。電気って、目に見えないでしょ。こっちの机でテスターを使って、あっちの壁の配電盤で針が動くんだけど、何ぜだか全然面白くないよ」

長男はこのころから、理系タイプではありませんでした。それを聞いて、私の中で気持ちが固まっていったように思います。

●母のアドバイス

私は子供たちの学校の休みを待って、息子たちを連れて、茨城県古河市の実家へ出かけました。母が飼っている犬と遊ぶのが、息子たちには何よりの楽しみでした。

その当時、テレビで大人気の番組「名犬ラッシー」が大好きだったので、ある時、

「ねえ、お祖母ちゃん。ラッシーとそっくりな犬を飼って!」

と、おねだりしました。

ラッシーのモデルになったコリー犬には出会いませんでしたが、金色のきらきら光り毛がふさふさとした、ゴールデンレトリーバーを飼うことにしたのです。

息子たちは、広い庭でボール投げや輪投げで犬と遊び、飽きることがありませんでした。

「夕ご飯の前にお風呂に入ってきなさい」

　何度母が呼んでも、一向に家に上がろうとしません。その様子を見ながら、母がしみじみと言いました。

「子供は親の手で育てるのが一番よ。二人を育てる覚悟があるなら、浜松町の家を出た方がいいわ。みんなで、伸び伸びしたいい子に育てましょう」

　母の考えはいたってシンプルでした。母は満州から引き揚げて、女手ひとつで四人の子を育てた自信があるから、

「覚悟を決めれば、何とでもなるわよ」

　と言いました。母はもう一つアドバイスをしてくれました。

「これからは、絶対下を向いて歩かないこと。下を向くと、涙が落ちちゃうでしょ。九ちゃんもそう唄っているでしょう」

　坂本九さんの「上を向いて歩こう」は一九六〇年代前半の大ヒット曲ですが、この頃でもどのチャンネルからも流れていた時代です。

　母の助言は、私に力を与えてくれました。こうして少しずつ、自分の手で生き抜く覚悟が決まっていったのです。

　丁度このころ巷では、「帰ってきたヨッパライ」という歌もヒットしていて、息子たちは何

の気なしに、「オラは死んじまっただ」と唄っていました。

私にはそれが、夫の死を茶化しているように思えて、きつく叱ってしまったことがあります。

その時の苦い気持ちを、長く忘れることができませんでした。

●家探しを始める

意を決した私は、まず義父母に自分の決心を伝え、今後の相談に乗ってもらいました。

先ず、住む家を考えなければなりません。

私は短大時代、千駄ヶ谷の叔母の家から高円寺の学校に通っていたので、千駄ヶ谷に土地勘があり、愛着もありました。

そのころ叔母家族は、哲学堂に転居していました。東京オリンピック開催にあたり、体育館や各種の施設の建築計画があり、叔母の家も移転区域になっていたからです。

叔母たちがアパートを持っていたこともあり、顔なじみの不動産屋を紹介してくれました。おかげで、千駄ケ谷の駅に近い環境の良い所を探してくださり、安心して住める場所を確保できました。

私は早く父を亡くしていたので、家庭への憧れがありました。義父母には良くしていただき

ましたし、家族への愛着もありました。こんなことになるとは、本当に思ってもみませんでした。

どの道が良かったのか分かりませんが、義父母の願いを断った私は子供の養育と教育の責任の自覚を強いものにしました。

●社会への船出

私は二人の息子を大学に行かせる覚悟でした。ただし、費用のことを考えると、私立ではなくて国公立に行ってもらわないといけない。ばくぜんと、そんな将来像を描いていました。

そのためには、仕事を探して働かなければなりません。

亡父の親友で葬儀委員長を務めてくださった石井栄さんご夫妻とは、夫ともども家族ぐるみのお付き合いをしておりました。息子たちのことも、自分の孫のように可愛がってくださっていました。

私は息子たちを連れて、石井さんのお宅に伺いました。そのころ石井さんは、久が原から横浜に移られ、「幾徳工業大学（現・神奈川工科大学）」の仕事に携わっておられました。

お庭には、お孫さんたちのためのブランコや鉄棒があり、息子たちは大喜びで遊んでいます。

私は就職にあたってのアドバイスをお願いしました。

石井さんは即答されました。

「富佐江さん、お父さんの会社と同じ日産・日立系列の金融機関に友人がいます。お父さんのことも、よく知っている人です。彼に話してみましょう」

それからまもなく、私は石井さんと渋谷の本社にお伺いしました。役員室に通されました。そこにおられたのがSさんです。Sさんは昔、亡父のお葬式に川島までお出でくださったそうで、奇遇を喜んでくださいました。

私がまだ三十二歳であること、幼稚園教諭の経験があることなどを考慮して、「総合職に推薦できる」とおっしゃってくださいました。これは思いもかけないことでした。

面接と試用期間を経て、総合職の女性第二号として採用になりました。まだ女性が総合職に採用されるのは珍しい時代でした。

私にとって、新たな社会への船出でした。私は湧き上がる喜びと共に、誠心誠意仕事に従事しようと決心しました。とはいえ、当時はまだまだ男社会で、壁を破って仕事をするのは容易ではありませんでしたが橋本祐子先生の教えに習いました。

「富佐江さん、出る杭《くい》は打たれるけれど出過ぎた杭は打たれない！」

これは先生の信条でした。

また、そのころの学校では、「父親参観日」というものがありました。こういう呼び名を誰もおかしいとは思いませんでした。

振り返ってみると、父親がいなかったのは、私たちの家庭だけだったように思います。

現在なら、「父親がいない家庭のことを考えろ」と、批判されるでしょう。でもそれは逆に言えば、現在はそれだけシングルマザーの家庭が増えているということです。私はその傾向をとても憂いています。

●新生活のスタート

親子三人の生活が始まりました。新しい家には、小さい仏壇を買いました。

「パパに見守ってもらいましょう」

息子たちは毎朝起きると、必ず鈴《りん》を叩いて、お仏壇に手を合わせます。自然とそういう習慣になりました。

私は仕事があるため、毎朝五時に起きて食事を作ります。この朝型の生活は、現在でも続いております。

私の母は、「家族に病気をさせないコツは、毎日きちんと手作りのご飯を食べさせること

だ」と常々言っておりましたので、私はその教えを忠実に守っていました。

　また、私は短大の栄養学の授業で「バランスの良い食事」を学びましたので母の言葉と一緒に、私の食事の概念となり信条になりました。

　この朝の食事作りの時に夕食も同時に作ってしまうのが、私なりの工夫でした。こうしておけば、会社から疲れて帰ってきても、着替えをすませれば直ぐに、お腹を空かせている子供たちとおしゃべりをしながら食事をすることができます。

　大勢の家族の中で長年にぎやかに食卓を囲んできた私たちは、家族で顔を合わせて食事をすることへのこだわりがあり、そのためには努力と工夫が必要でした。

　食後は宿題を見たり、明日の用意をさせたりしました。まだまだ母親役が必要な年ごろで、この食事と食後の時間は、私が忙しい中で一番大事にしたことでした。

●子育て事情の今昔

　私が子育てをしていた当時と現代では、子供を取り巻く状況は大きく変わっています。この当時は、まだ子供たちが公園や放課後の校庭で、のびのびと外遊びが出来ていました。

　現在では安全上の理由から、部外者の立ち入りを禁止する学校も多いようです。また、公園

で子供たちが遊んでいると、子供の声がうるさいという苦情が入ることがあるそうですが、このころの千駄ヶ谷小学校は校庭が開放されていて、誰もが自由に遊ぶことができました。野球が盛んで、私は息子たちの泥んこになったユニホームを毎日洗濯していました。

一方で、仕事を持つ母親が増え、「鍵っ子」という言葉が生まれました。家に帰っても誰もいないので、子供は鍵を持ち歩いていて、学校が終わると誰もいない家に帰ってくるのです。

勤めをしていた私が一番大事にしたのは、長い夏休みの過ごし方でした。私が会社に行っている間、息子たちがテレビを見ながら、家でごろごろしている姿を想像すると、もったいないと思いました。

私は自分の子供時代のことを思い浮かべました。

私たち姉弟は夏休みになると、山と川に囲まれた母の郷《さと》へ行くのが楽しみでした。同じ年ごろの従弟たち三人と、村の子供たちも仲間になり、遊びに事欠きませんでした。

高学年になると、私は粟野へ行っても外遊びの子供の仲間に入らず、祖父や伯父たちの本や写真集を見るようになりました。

時間が来ると、祖母や伯母たちが食事の世話をしてくれました。川で子供たちが釣った魚や、仕掛けで捕まえたウナギなどが囲炉裏で焼かれるのですが、これが絶品でした！

子供たちは「具たくさんの、のっぺ汁」も「田楽」も競ってお替わりをするのです。

ある時は「こんにゃく芋」をすりおろす手伝いをしました。にがりで固めるのですが、手や顔がかゆくなるのも忘れて、こんにゃくを作りました。

私には、こんな粟野で過ごした子供時代の思い出が宝でしたから、子供たちにもそんな体験をさせたいと思っていました。

母は、私が高校生のころからＪＲＣ（ジェイアールシー）（青少年赤十字奉仕団＝ジュニア・レッド・クロス）に入らせてくれました。奉仕活動の参加で、長い休みも忙しく楽しい日々でした。

私も息子たちが、長い夏休みや冬休みを有効に過ごせる道はないかと、探していました。

●息子たちはカウボーイスクールが故郷

そのころ取っていた小学生新聞に「カウボーイスクール」の記事があり、参加者を募集しているのを見つけました。

「面白そうだね」子供たちは興味津々です。

早速、説明会に参加しました。この出会いが二人の息子のバックボーンになり、大学卒業まで続くとは思いもしませんでした。我が家にとって、とてもラッキーな出会いになりました。

このカウボーイスクールは、銀座スエヒロ㈱の創業者・石原仁太郎社長の独創的な発想で、

昭和四十二（一九六七）年に誕生しました。

自社の朝霧高原の畜産牧場を春休みと夏休みに開放し、本場アメリカのカウボーイ数名を招き、子供たちが馬と触れ合い、乗馬体験や投げ縄を学ぶ「林間学校」でした。

会の仕組みは、年長の少年が年少の子供をサポートすることになっていました。小学四年生から参加ができ、中学生と高校生がサブリーダー、大学生がリーダーになります。四泊五日で乗馬や生活態度を学ぶプログラムで、参加費用も極めて良心的でした。

石原社長が、富士山の裾野の朝霧高原にある自社の牧場を活用して社会貢献をしようと考えた企画で、熱い志の賜物《たまもの》でした。当初は慶応大学の馬術クラブの生徒さんが参加して、ボランティアでお手伝いをしていました。

息子たちはたちまち夢中になり、毎年積極的に参加していました。大学生になると、リーダーとして後輩の指導に情熱を燃やしました。

ところが、思わぬ悩みがありました。子供たちはカウボーイスクールに参加したいのに、「塾を休んで乗馬の合宿に行くなんてとんでもない」と親から反対されるケースが増えたのです。子供たちから、ＳＯＳの電話が入るようになりました。

「一週間馬と触れ合う体験をしても進学に支障がないことを、僕自身が証明するしかない」

息子はそう決心したようです。勉強にもこれまで以上に熱心に取り組むようになりました。

「夜は僕たちが子供たちの勉強を見ます」

そう電話で相手の親を説得する息子の真剣な声が聞こえて、私は息子たちの成長ぶりに安堵しました。

カウボーイスクールに参加した子供たちがどんな体験をしてどれだけ成長したか、息子たちは電話口で懸命に語りました。でも、一方的に電話を切る親も多かったようでした。

その反面、参加した子供たちから、口コミでその素晴らしさが伝わり、このカウボーイスクールからは、馬好きな子供たちが毎年千五百人以上誕生しました。そして素晴らしい男女のリーダーたちを社会へ輩出したのです。

ところが残念なことに、平成三（一九九一）年五月、カウボーイスクールの二十四年の歴史に終止符が打たれました。原因はバブルの崩壊による、銀座スエヒロの経営難です。

息子たちをはじめＯＢたちが、何とか存続させようと努力を重ねましたが、個人の力では如何《いかん》ともすることもできませんでした。

●丹後篠山市黒岡・春日神社能舞台

これはまだ私が金融機関に就職したてのころの話です。昭和四十四（一九六九）年だったと

思います。

私は上司に同行して、兵庫県丹波《たんば》篠山《ささやま》市の商工会をお訪ねしました。中西通さんという会長さんと関係者との会合でした。

中西さんは仕事の話が終わったところで、

「ぜひ、私のコレクションを見てください」

とおっしゃいました。

能のお面、装束、和楽器などのコレクションで有名だと伺っていました。「能の文化を何とかして後世に遺そう」と考えておられました。

私は曾祖父の影響で美術品が大好きだったので、わくわくしました。

中西さんのお宅に伺う途中、丹波篠山市黒岡七五の春日神社境内に案内されました。能舞台があったのです。

此処は文久元（一八六一）年、能楽愛好家だった篠山藩第十三代藩主・青山忠良《ただなが》により寄進されたものでした。中西さんは建設当時には「箱根より西でこれほど立派な能舞台はない」と言われていたとのこと。

「日本で一番古い木造舞台ですよ」その舞台に上がらせていただきました。庭には自然の岩山

が巧みに配されていました。

「あの辺りが特等席ですよ」

中西さんが指をさしました。

「さあ、音響を試してみましょう」

中西さんは舞台に案内してくださり足踏みをして、床を鳴らしました。枯れた板の音ではなく、まろやかなきりっとした深い音がしました。勧められて私たちも恐る恐る足踏みをしました。ところが私たちがやってみると、木の床はかすかな音さえしないのです。

舞台を降りて建物の外に回ると、床下の仕組みを説明した案内がありました。丹波焼の大きな甕《かめ》が床下に角度をかえて埋まっており、床の音が連鎖して響くようになっているのです。

私は先人の智恵にすっかり魅了されました。能楽堂の建物は令和六年二月現在手入れ中、国の重要文化財になっているそうです。

●古丹波の焼き物

中西さんのお宅は大きなお屋敷でした。玄関周りには、古丹波の焼き物が所せましと並んでおりました。平安時代末期から焼かれていたもので、素朴ですが粗野でなく、手仕事のなつか

しさを感じました。

今でも太陽で熱くなった、黒っぽい壺の肌の手触りを思い出します。古丹波には、どこか私の心に通うものがありました。

それは故郷の思い出だったかもしれません。茨城県の生んだ陶芸の巨匠、板谷波山《はざん》先生は、茨城県下館（現・筑西市）の方でした。私は下館第二高校に通っていましたが、その通学路の途中にお住まいがあり、よくお姿を見かけました。

板谷先生がお若い時に焼いた壺が曽祖父のコレクションの中にあったことも思い出しました。

●素晴らしいコレクション

座敷に上がらせていただくと、二間続きの広い部屋に通され、上司も私もびっくり仰天でした！　部屋中に無造作にお面や箱が並び、お能の着物が何枚も衣桁に掛けてありました。「いま虫干し中」とのことでした。笛や雅楽器も沢山あり、鼓も並んでいました。

貴重なお面は別の棚に保管してあり、特別に手に取って見せていただきました。

「なぜ、篠山のような田舎にこんな品があるのか不思議でしょう？」

終戦前から中西さんの許には、やんごとない身分の家から、貴重な文化財を避難させたいと

いう相談や、美術品を売って食糧に換えたいという依頼があったそうです。

戦後も苦しい時代が続きました。古い名家ほど、戦後の農地解放や財閥解体で苦しみました。財産税の負担に耐えかねて、貴重な品を中西さんの許に持ち込む人は後を絶ちませんでした。中西さんはそれらの品を引き取って、コレクションを始めました。

「海外に流出してしまえば、もう戻ってきません。私の手元にあれば、いつか必ず日の目を見るでしょうから。そういう思いで、お預かりしてきました」

能は今から約七百年前、室町時代に成立した芸能で、ミュージカルやオペラのように、踊り、お芝居、語りという要素がすべて入っています。能は大東亜戦争を挟んでも途切れることなく伝承され、今でも上演されています。

このような演劇は海外を見てもほかに例がありません。例えば西洋では古代ギリシャで演劇が盛んでしたが、その伝統はいったん中世で途切れています。

「戦後の復興と共に、ようやく能も再興されました。今では高名な役者さんが、ここまでお面を見に参ります。頼まれれば、舞台のために貸し出しもしています」

中西さんのお話は、高い志で明快でした。

古典芸能の伝承に力を尽くされている中西さんの志の高さを、武家文化の薫《かお》りの残る丹波篠山で見せていただいたのは忘れられない思い出です。

「私の手元にあれば、いつか必ず日の目を見る」という中西さんの信念は昭和五十一（一九七六）年に「篠山能楽資料館」として結実しました。

昔々お尋ねした私たちの仕事がどこかで役に立っていると思うと、とても嬉しくまた懐かしい思いがします。

東京の青山通りが、篠山藩主青山家の広大な江戸屋敷の名残だと中西さんに伺って、自分の無知を恥じたことも、今となっては懐かしく思い出されます。

●空前絶後のバブル時代の幕開け

昭和五十八（一九八三）年ごろになると、日本の経済界は好景気に沸き立ちました、私も社内で役職が付き、仕事は順調でした。

空前絶後のバブル時代の始まりでした。

息子たちも成長し、上の息子は大学卒業を控えていました。「青田刈り」といわれる、卒業生の争奪戦がすでに始まっていました。

四年生になると会社案内が段ボールで届き、夜十時が過ぎると先輩から「うちの会社に応募してほしい」と電話が入ります。事情が分からない私にまで、「おかあさんからも勧めてくだ

さい」と言われる始末でした。

ともかく電話が多いのには困りました。まだ携帯電話がない時代です。本人はアルバイトか遊びか、始終家を空けていますので、家に掛かってきた電話には、私が出るしかありません。大事な電話かもしれないので、丁寧に用件を伺い、メモを取る。こんな毎日が続きました。

そのうち、いつ電話が鳴るかもしれないと思うと落ち着かず、床に入っても眠れなくなってきました。

いよいよ企業の入社試験が始まり息子にも幾つか「内定通知」がいただけました。しかし、本命の商社は「就職協定」を遵守していたので、試験は最後でした。

本命の入社試験の日がやってきました。真剣な表情で家を出る息子の後ろ姿を見送りました。私の亡父たちが満州の撫順市に開業した「南昌洋行」は、今でいう商社でした。これも血筋かと思うと、感慨深いものがありました。

一次試験の合格者には、電話が来ることになっていました。夜中の十二時を過ぎても、何の音沙汰もありません。あきらめて息子が就寝した後、夜中の一時半に電話が鳴りました。

「受かったよ。明日、二次試験だ！」

こんな具合に、四次試験まで終わりました。私はほとんど眠れないまま、仕事に出かける毎日でした。

その日も帰宅した私が息子と話したのは、すでに真夜中でした。五次試験は「役員面接」でした。息子の話では、一人の役員から「大学生活で、心に残っていることを聞かせてください」と質問されたそうです。息子は、小学校四年から行った「カウボーイスクール」のことを話しました。

銀座スエヒロの社長が、本場アメリカのカウボーイを招いて朝霧高原の牧場を開放し、青少年を育成してくれているというと、役員たちが身を乗り出す雰囲気になりました。

「最近は親が『塾へ行きなさい』と言って、子供を自然の中に出そうとしない。勉強のことしか考えない親が増えている。僕は大学四年間、リーダーを務める決心をしていた。後輩たちにボランティア活動の模範を示さなければならないから……。今年の夏休み、参加した子が夜中に喘息の発作を起こしたので、その子を抱いて、一晩中歌を歌いながら夜明けを待ったことがあった。その時の不安な気持ちとかを話したんだ……」

それは私にとっても初耳でした。息子が良い体験をし、思いやりや優しさを学んで、立派に成長していたことが嬉しかった！

「ところで、英語はどれくらい出来るの？」

と、一人の役員が質問をしました。

「それでね、僕はすぐにこう切り返したんだ。『カウボーイとジョークを言い合うのには不自

由しません』ってね。みんな笑ってた。もっとも、カウボーイの英語はビジネス英語じゃないから、仕事にどれだけ役立つかは分からないんだけど」

問わず語りの息子の話に、私も思わず笑いました。薄氷の上にいるような気持ちが、少しだけ和らぎました。合格の電話があったのは朝七時でした。

「合格だってさ、やった！　やった！」

父親の仏壇の鈴《りん》を力を込めて鳴らし、手を合わすと、息子は満足そうにベッドへ入りました。

●狂った私の体内時計

こうして息子は、無事本命の商社に就職出来ました。

しかし、「採用決定」の通知があるまで、深夜に及ぶ電話を息子以上に緊張して受け続けた私の体のバランスは、完全に壊れてしまいました。体内時計が完全に狂ってしまい、夜眠ることができませんでした。

ある朝、いつものように車を運転して家を出ようとしましたが、ハンドルが重くてどうしても回すことができませんでした。その日からカーテンを締め切って、部屋に閉じこもってしまいました。日が暮れても電気も点けず、台所に立つ気力もありませんでした。

息子が近所の大学病院に連れて行ってくれました。不眠症の薬を処方してもらいましたが、それを服用して床に入っても、身体がほてってすぐに目が覚めました。

その間にも、日に日に体調が悪くなっていきます。一カ月後に再診ということになっていましたが、それまで体がもつとは思えませんでした。心配した息子たちは実家の母に連絡をしました。

田舎から出てきた母は、私の青ざめた顔を見るなり、涙目になりました。

「お祖母ちゃんが、きっと治してあげる。お祖父ちゃんも、あなたたちのパパも、天国からきっと守ってくれるから」

母に付き添われて別の病院へ行くと、神経科のある別の医院を紹介され、そこで「自律神経失調症」だと診断されました。薬も貰いましたが、それを服用しても、一向に効き目はありませんでした。

母にもう一度励まされて、東京医科歯科大学付属病院へ行きました。検査の結果、「明後日、入院してください！」と言われました。亡夫のことを思い出し、私は死を覚悟しました。

●死の淵からの生還

その足で何とかタクシーに乗って、最後の力を振り絞って出社し、長期の休暇届けを出しました。体がピリピリと痛み「死んだ方がもっと楽になれる」と思いました。

帰り道で、自分の病気について知りたいと思い、本屋に寄ってもらい、そこで不思議な本を見つけました。本の帯には、丸山ワクチンで有名な「丸山千里先生」の名前がありました。

私は夫が癌になって余命宣告を受けた時、あらゆる手を尽くして、様々な治療法を調べました。丸山ワクチンも入手しようとしましたが、間に合わなかったのです。その無念の思いがありましたので、思わず本を手に取りました。

車の中で拾い読みをしていくと、前半は論文で、後半は不眠症の患者が回復して元気になった事例とお礼状の数々でした。それは私の症状とほとんど同じでした。

奥付には、武蔵野市吉祥寺で開業している床鍋博人医師の名と連絡先がありました。受付は午後四時で、診療は午後五時まででした。

間に合いそうもありませんでしたが、ワラにもすがる思いで、母が電話をしました。

「五時になっても待っているから、今すぐおいでなさい」

看護婦さんの温かい声に励まされて、倒れ込むように母とタクシーに乗りました。渋谷からは一時間ほどかかりました。

床鍋診療所は、雑居ビルの二階にありました。すぐに診てくださいましたが、現れたのは、目がやさしい床鍋先生でした。

「私も同じ病気になったことがあるんだよ。自分で治せず日本のどの医者にも治してもらえなくてね。だから世界中の文献をあさってみたんだ。まあ、任せておきなさい。必ず治るから……」

薬として二種の錠剤を出してくださいました。健康保険がきいて、千円札を出すとお釣りが幾らか返ってきました。看護婦さんに言われるままに一回分の薬を飲んで、再びタクシーに乗りました。

調布の家までの小一時間、私はタクシーの中で眠りました。こんなにぐっすり寝たのは、一カ月ぶりでした。熟睡したおかげで食欲が戻り、私は夕飯を口に運びました。それを見て、母は泣いていました。

「仏さまが守ってくれたのね」

それからの三日間は、夢の中にいたようです。家族の話では、ほとんど爆睡していたそうです。食事もとっていたそうですが、時間の経過はわからず、記憶もはっきりとしませんでした

が、四日目の朝、私は自分で車を運転し、出社しました。死の淵から生還できたのです。

床鍋先生に処方していただいた薬は、健康保険がきく、特別なものではありません。その組み合わせに、工夫があったのです。床鍋先生の投薬の考案は、今の引きこもりや、自殺防止に役に立つのではないかと切に思います。

しかし、お教えしてもどなたも自分のかかりつけ医者からは貰えていないのが実情です。床鍋先生にかかれた私たち、二万人は幸せでした。

先生の訃報を新聞で拝見しました。心からお悔やみを申し上げます。

合掌

第六章　人生の大転換期を迎えて

●「日本さくらの会」との出会い

六十歳の定年を前にして、私は二十七年間の会社人生を振り返ることが多くなりました。

私が入社した時には、息子たちは小学生でした。二人が中学校に入るころには子育てにも余裕ができ、会社での仕事の内容の幅も大きくなりました。

私は勉強の場を外に求めるようになり、日本マクドナルド創業者の藤田田《でん》社長のセミナーや、船井幸雄さんの勉強会等に参加しました。

そうした勉強会の場で感じたのは、女性の姿が年を追うごとに増えていたことで、自動車教習所やゴルフ場もそうです。私が習い始めたころは、女性は数えるほどでした。

女性の社会進出に伴って、女性が働く場所も増え、それは日本の社会全体のニーズでしたから私が働く会社でも、女性の採用をどんどん増やしていました。時代の変化を実感しました。

私が管理職になったころ、お誘いを受けて、一般社団法人「目黒倫理法人会」に参加しました。会場は目黒のホテル雅叙園東京で、定年まで十年近くお世話になりました。毎週火曜日の勉強会は朝六時半からです。

この会で公益財団法人「日本さくらの会」評議委員で、イカリ消毒株式会社の代表である黒

沢真次社長に出会いました。私は黒沢社長の推薦で本部の会員になり、余暇と年休を「さくら植樹ボランティア」活動に充てるようになりました。

「日本さくらの会」は、昭和三十九年に設立。会長には代々の衆議院議長が就任してきました。

この会は、宝くじの社会貢献広報事業の助成を受け、宝くじ桜寄贈事業をはじめとして、様々なさくら植樹事業を実施してきました。

これまでに全国の公園、河川沿い、道路沿線、学校、公共施設周辺に約三百二十万本余のさくらの寄贈植栽をしてきました。

さくらの愛護、保存、育成、国際・文化交流事業、さくら祭り中央大会（憲政会館で全国から会員が参加）を開催して、功労賞を授与するなど多くの活動を行っています。

それ以外にも「日本さくらの女王」を二年に一度、全国公募により選出しています。選ばれたさくらの女王は、「さくらの親善大使」として、国際親善交流にも活躍しています。

●望郷の桜をペルーへ

平成六（一九九四）年のことでした。駐日フィリピン大使ドミンゴ・シアゾン氏の奥様から、公邸に植樹する桜の木を分けてほしいという依頼が「日本さくらの会」にありました。奥様は

日本人の和子様。

さっそく、五メートル以上ある名木を五本寄贈しました。春になるとしっかり蕾《つぼみ》を持ち、花を咲かせました。そこでシアソン大使はお礼と披露のために、パーティを開催されました。

「日本さくらの会」からは、当時の桜内義雄会長、品川実常務理事、第十五回日本さくらの女王・白木清《さやか》さんなどが招待されました。

また、日本語の出来る大使の会である「平成会」からも、何人か招待されていました。

私の隣席は駐日ペルー大使・ビクトル有富氏で、お話が弾みました。

「ペルーにも桜が欲しい」

有富大使は、そう要望されました。ペルーには日系人が大勢いるので、桜の木もあるだろうと私は思っていました。ところが、そうではありませんでした。

「ペルーでは戦時中、日系人は敵国人として強制収容されました。戦後は経済を安定させ、治安の回復に精一杯でした。花どころではありませんでした」

有富大使はしんみりと話されました。私自身も、戦後の大変な時代を生き抜いてきましたから、お気持ちはよくわかりました。

「大勢の仲間と力を合わせて、必ず桜の苗をお届けします」

私はそう約束しました。

●ペルーへの旅立ち

平成七（一九九五）年二月、桜の植樹に適した時期に、二十名の植樹団を結成して、ペルーへ旅立ちました。「緋寒桜」（亜熱帯気候でも開花する濃い赤の桜）二百本、そのほか折り紙、車椅子五台、救急箱などをお土産に持っていきました。

八十二歳の私の母は、健脚で好奇心旺盛。張り切って参加しました。有富大使の奥様のロサ有富さんが、ペルーへ同行くださいました。ロサさんは、当時のフジモリ大統領の妹さんでした。

リマ市の国立博物館近くの大きな公園で、「桜の植樹祭」が行われました。現地の日本人会の皆様、フジモリ大統領のお母様のムツエ様、それに多くの市民の皆様が歓迎してくださいました。

ムツエ様は自分で作った堆肥を、大きな袋に入れて持参され土を掘って桜の苗を植え、しっかりと足で踏み固める様子には、お人柄が表れていました。

●涙に包まれた「望郷の着物」

その後、日系人の記念館「先駆者センター」の「デイホーム」を訪問。車椅子の方々やシニアの皆さんが六十人ほど、お集まりでした。

第二次世界大戦では、ペルーは連合国側に立って参戦しました。そのため、日系人は敵国人となり、大勢の人たちがアメリカの強制収容所に送られたことは日本人の中でどれだけ知っていることでしょう。戦後の学校の授業では、「日本語の教育」がなくなりました。そのため若い世代は日本語が話せず、現地の言葉が日常語になっているようでした。お年寄りは孫と会話が出来ずに淋しい思いをしていました。

この日、私は黒地に白い花柄の絽の着物を着ていました。懇親会になると、皆さんが私の着物の袖を引いてこられます。

「触らせて……、日本の母さんの匂いがする」

「絹のおべべはいいね」

「戦争で何もかも没収され、着物の切れ端の一つもないから……」

中には顔を埋めて涙ぐまれる方もおられました。

大統領のお母様と私の母は、偶然同じ年齢でした。日本語でのおしゃべりは尽きません。

「息子が二十年前、私にミカン畑を買ってくれたんだけど、何も手伝ってくれなくて……。手入れが大変なのよ」

お母様は、いまでも毎日畑仕事だそうです。

「大統領のお母様の愚痴を沢山聞いてあげたわ」

と、母は楽しそうに笑っていました。

●ペルーでの思い出

私たちは観光もスケジュールに入れました。

ナスカの地上絵を小型飛行機で見学した後、地上に降りて絵の線の上を歩く体験をしました。当時の人々がどうやってこのような絵を描けたのか、古代の神秘を実感しました。

現地では埋蔵品の発掘が行われており、黄金のお棺など目を見張る宝の山がありました。少女のミイラなどが所狭しと収蔵された資料館を見学することもできました。今ではペルー国立考古学・人類学・歴史博物館が立派に出来ています。

最後は世界遺産マチュピチュ登山でした。高山病予防のため、クスコで一泊してから登ります。ところが私は不覚にも、ガイドさんからもらった「高山病予防のコカの葉」で蕁麻疹《じんましん》が発症。母は「まさかペルーで娘の看病をするとは……」と漏らしていました。本当に情けないことでした。この行事を機に交流の拠点として、現地に日系人の「ペルー桜の会」が結成されました。私たちは必ず再訪すると固く誓って、バスの出発まで名残を惜しみつつ、皆さんとお別れしました。

●思わぬご縁が舞いこんで

定年を目前にして、私は大車輪で仕事をこなしていました。

ある日、ロータリークラブに入っている親戚から電話をもらいました。

「ロータリーの友人が奥さんを亡くして、パートナーを探しているのだがね。ガバナー（地域のロータリーを統括する代表）をやった立派な人ですよ」

と、おっしゃいます。

「富佐江さんが定年だと聞いたのを思いだしたんだが……どうだい？　一度会ってみないか？」

思いがけないお話でしたが、とんとん拍子に話が進み、半年後には家庭を持つことになりま

した。

ロータリークラブは「友好と奉仕を志す人々の団体」で、「奉仕の理想」を信条として、活動を展開していました。長い歴史を持つ世界的規模の団体で、そのころはまだ男性ばかりでした。私もボランティア活動を学んできましたので、何の違和感もなく、ロータリーのお仲間の奥様方の中に溶け込むことが出来ました。

●同期のガバナー・千宗室ご夫妻のこと

この結婚によって、また新たな出会いがありました。

千宗室先生（茶道裏千家前家元・千玄室）と主人は、同期のガバナーでしたので、ある大会でご夫妻と同席させていただく機会がありました。

美しい着物姿の登三子奥様。やさしく凛としたお声で、初めて参加した私の仲間入りを喜んでくださいました。同期の皆様との会合に参加するのはとても楽しみでした。

それなのに数年後、登三子奥様の訃報を伺うことになるとは……。

茶道と世界の平和のために大きな重責を全《まっと》うなさっておられる宗室先生。それからはお一人でご参加になられるのですが、千宗室先生のあの大きなお背中に、悲哀が滲《にじ》んでいると思った

ことを覚えています。

令和四年、先生は百歳をお迎えになられたご様子を雑誌『致知』やニュースで拝見し矍鑠《かくしゃく》として世界平和のためご尽力のご様子を心からご尊敬いたしております。

●ウィメンズ・フェローシップ95

私は新聞で「あなたの夢を買います」という「ウィメンズ・フェローシップ95」の募集広告を見つけました。

女性下着販売会社「シャルレ」社長・林宏子さんの「女性奨励賞」でした。

「仕事や家庭はもちろん、余暇や社会活動にも積極的に取り組み、自己の信念をもって生き生きとした生活を送る女性、『女性の可能性を応援したい！』」という趣旨です。

これは私の求める女性の生き方と、ピッタリ一致していました。

私の夢は日本とペルーの架け橋になることで、そのためにペルーへ新聞記者を派遣して欲しいという希望を書いて応募しました。

そのころの日本では、まだ遠い地球の裏側・南米「ペルー」は、ほとんど知られていないことを、痛感していたのです。

そしてこの私の夢が入選して、叶えられたのです！

●第二回　ペルー桜植樹訪問

「望郷の桜をペルーへ」という企画は第一回目が大好評で、二回目を待ち望む声が多く、二十名の募集がすぐ満員になりました。

約束どおり、神奈川新聞から特派員を派遣していただけました。

「日本さくらの会」から桜の苗も二百本提供いただき、子供たちの絵の交換、絵本や本など参加者皆の手で、「ペルー桜の会」へお届けできました。

私たちは、首都リマ市でできるだけ多くの時間をとって、深く広く現地の方たちと交流しようと考えました。

「日本と異なる文化と環境に生き、日系人の歴史を知り現実のペルーを肌で感じ、未来への友好親善と平和につなげる旅に」というのが理念でした。

そのため各パートを決め、いろいろなグループを作り、短い時間の中で全員が現地桜の会や、ロータリークラブ、小学校の折り紙教室などに参加して交流出来るよう配慮しました。

美術の先生も参加され、ペルーの子供たちと交換用の絵を描く絵画教室も開催しました。

世界遺産のマチュピチュには、全員が登頂に成功しました。山頂の村に一泊して、翌日は朝暗いうちに宿を出て、てっぺんの城跡に上りました。

ここで迎えた朝日が昇る神々しさは、天空でしか見られない光景であの荘厳さは、古代の人たちの息吹さえも感じるほどで、本当に不思議な体験でした。

今でも、足元のずっと下の方からもくもくと雲が湧き、茜色に染まる美しさが脳裏に蘇ります。

観光で「チチカカ湖」にも行きました。世界で一番高いところにある天空の湖。湖の中に立つ家で遊ぶ子供たち。特派員のシャッター音が、忙しく鳴っていました。

第2回ペルー訪問団の仲間とマチュピチュ遺跡の丘で

帰国後、神奈川新聞には特派員が撮ったカラー写真が掲載され、一週間「ペルー特集」が組まれました。読者に大好評だったとのこと。神奈川新聞の上層の皆様にも、とても喜んでいただけました。

帰国後、新宿「ワシントンホテル」

で、帰国報告と「ペルーの夕べ」が開催されました。

会場にはフォルクローレ（アンデス音楽）のグループも参加し、ペルーの風を運んでくれるようなムードで盛り上がりました。

日系人の有富大使は日本語が上手で軽妙洒脱、参加者の心を鷲づかみにしました。すっかり大使のファンになったロータリークラブや参加した学校の先生から講演依頼があり、ペルーに興味を持つ人が大勢誕生しました。

「また来ますね」と約束し、名残を惜しんでお別れしてきました。ところがその約束は、翌年に突然起こった「ペルー日本大使館占拠《せんきょ》事件」などのため、果たせぬままになってしまいました。ペルーのニュースはとても気になります。

近年人権侵害事件で服役中のアルベルト・フジモリ元大統領（八十五歳）を即時釈放するよう裁判所が国に命じ、高齢や健康悪化も理由に挙げ現地からの報道で、フジモリ氏が釈放された姿を昨日のテレビで拝見し、胸をなでおろしました（令和五年十二月七日）。

●心に残る「日本さくらの会」の中央大会

平成十二（二〇〇〇）年四月、「日本さくらの会」中央大会が千代田区憲政会館で開催されま

した。黒田清子《さやこ》名誉総裁が桜色の品の良い着物を召され、ご臨席くださいました。

主賓は小渕恵三総理大臣でした。ご挨拶は巻紙を読み上げるのではなく、「桜と平和について」温かく熱意のこもったお話を、たっぷりとしてくださいました。

それは桜を介した国際交流の活動に力強い指針となるもので、私たちスタッフは強い感銘を受けました。本当に素晴らしい講話で、忘れられない桜の思い出に加わりました。

その一週間後、小渕総理大臣が病魔に倒れられました。ニュースを聞いた私たちは、心から回復を祈りましたが、残念ながら快癒することなくお亡くなりになられました。

桜をこよなく愛された総理大臣の残念な早世でした。

●さくら植樹の国際交流で深めたチェコとの絆

私は「日本さくらの会」のメンバーとして、また平和のシンボル「さくら守《も》り」として、国際交流と国際親善を目的にボランティア活動をしてきました。

話は平成十（一九九八）年に遡ります。

私は『プラハの春』（春江一也著　集英社刊）という本に深く感動し、またチェコと日本との交流の歴史が意外なほど長く奥深いことを知りました。

そんな折、チェコ大使館の福富書記官（故人）と同席してその話をしたところ、「さくら植樹」の話に発展したのです。

数日後、福富さんから連絡がありました。ハヴラス大使も大変喜んでくださったそうですが、

「さくらの苗を本国へ持ち込むには検疫が厳しいので、大使館に記念樹を一本いただきましょう。みなさんはぜひチェコを訪ねてください」

ということでした。私たちは喜び勇んで計画を練りました。

●「原爆ドーム」とチェコの縁

私たちは大使館での桜植樹交流事業に備え、平成十一年（一九九九）の初夏、ロータリーの方々とチェコへ旅立ちました。

プラハでは、チェコの第一線で活躍されている、プラハロータリークラブの方々と交流をすることが出来ました。会食の時に、世界遺産に登録された原爆ドームのことに話が及びました。

会長さんのお話では、チェコは第一次大戦までは、世界屈指の工業国でした。広島の原爆ドームとして知られる「広島物産展示場」の建物は、チェコの建築家ヤン・レツル氏が建造したもので、大正四（一九一五）年にチェコから船で輸出されたそうです。

「私たちはチェコの先人の建築技術が残した原爆ドームの技術と仕事を誇りに思います。」

私の目には、鉄骨がむき出しになったドームと、崩れながらも残った建物が焼きついています。原爆ドームが倒壊せずに残ったのは、チェコの技術のおかげだったのです。

広島原爆ドームは、その後世界平和の象徴として世界遺産に登録され、全世界に平和と原爆の悲劇を発信するモニュメントになりました。

●感動のチェコ・ハヴェル大統領対談

この年の十二月五日、ＮＨＫの「日曜スペシャル」でチェコのヴァーツラフ・ハヴェル大統領とＮＨＫ特別主幹高島肇久氏の対談「二十一世紀への証言～ビロード革命からの十年」が放映されました。

画面には私たちが訪ねた歴史と文明の交差点、プラハの美しい街が映し出され、大統領はプラハ城の執務室で「自由、自立、責任」を格調高く熱心に語られました。ハヴェル大統領は癌を患われながらの出演でしたが、その目は不死鳥のように煌《きらめ》いていました。

「二十世紀の終わりは、歴史の象徴的転換期で、私たちに戦争の多かった百年の歩みを思い起こさせます。二十一世紀は劇的変化を起こし、人間の勇敢な挑戦と横溢する正義感で『地球規

模の市民社会を作る』ことを目標に、世界の中で我々がどうあるべきか。真の平和を理解し、進歩と変化を実現しなければなりません」

と結ばれました。「ビロード革命」により大統領になられたハヴェル氏と高島氏の対談は大変好評で、再放送にもなりました。

●チェコ駐日大使館でさくらの宴

平成十二（二〇〇一）年四月には、チェコ駐日大使館で「チェコスロバキア初代大統領生誕百五十年記念さくら植樹祭」が開催されました。チェコ近隣諸国の駐日大使が招かれ、百人以上のさくら仲間やロータリーの皆さんが参加しました。

主賓になっていただきましたNHKの高島肇久氏から、英語と日本語で丁寧なごあいさつがありました。ハヴェル大統領との対談エピソードなどを伺い、戦争のない平和な世界への思いを参加者一同再認識した日になりました。

あれから二十余年たった現在、令和五（二〇二三）年世界の現状を鑑みてハヴェル大統領の言葉の重さを実感しています。ハヴェル大統領の大きな平和への願望、示唆のお声が耳の中でリフレインしています。今、世界は壊れかけています。

ウクライナとロシアの終わりの見えない戦闘状態。日本の近隣諸国の台頭、ミサイルの発射。不安材料に事欠きません。

そして、イスラエルとガザの戦闘です。攻撃で破壊された町の中をさまよっている子供たち。

「僕は何にも悪いことしていない！」「パパ、ママ、どこにいるの？　私を迎えに来て！」

どの子も、もう涙さえ流せない。涙が枯れているのです。

ことさら私がこういった状況を恐れる理由は、戦争を丸々体験した私は、ふたたび悲しみの戦乱をテレビでまざまざと見せつけられているからです。

そして「原子爆弾の脅威」です。とても大切な親友を失った経験があるからです。

●被爆死した親友を偲んで

「ピカドンは人間にとりついて百年は消えない」と、終戦後の満州で噂されていました。

私の親友だった光子さん（仮名）は被爆から五十年後の発症でした。

光子さんは女学校の時、学徒動員で広島郊外の飛行機の内装製品工場に行き、そこでピカドンに遭いました。工場は爆風で倒壊しましたが、被爆距離の半径から少し離れていたので「私

は被爆していない」と断言していました。

光子さんは、恋人から「ボクは被爆者で何時《いつ》発病するかわかりません」と言われても、「もし、あなたに病気が出ても、私は被爆していないから、最後まで子供もあなたも見守ります」と誓って結婚し、一男一女に恵まれました。

しかしながら、ご主人は悪性腫瘍が発生し、地獄のような日々を経て亡くなりました。

私と光子さんは夫を亡くした者同士、たまに会える機会には、時を忘れておしゃべりをし、励まし合ってきました。旭化成の寮母の勤めをしていましたので「定年になったらスイスのレマン湖に行きましょう」が合言葉でした。

ところが光子さんが六十五歳を目前にしたころ、

「最近同窓生がばたばたと亡くなるのよ」

と顔を曇らせていました。彼女にお会いできたのは、これが最後になってしまいました。

息子さんから、悲しい知らせがありました。

「青いあざが浮いてきたので病院に行ったら、被爆が原因となった乳癌でした。たった五十日で亡くなってしまいました」

老後の夢を共に語れる、かけがえのない親友でした。定年後は必ず二人で旅をする約束が空しいです。私は光子さんの写真を持って、スイスのレマン湖へ行きました。そして世界一高い

場所にあるユングフラウヨッホ駅の郵便局「ユングフラウヨッホ山頂郵便局」（標高三千四百五十四m）で、天国に行ってしまった光子さんへ手紙を書いて投函しました。

●悪魔の到来・突然の脳梗塞

私はキツネにつままれたようでしたが体に異変がおきているのです。実家の母へ電話をして、上京してもらうことにしました。六十五歳の年の瀬のことでした。

寝室のカーテンを引くと常緑樹に朝日が映え、気持ちの良い上天気でした。デパートへお正月の買い物にでかけようかと考えながら、洗面所に向かいました。暮れとは思えない穏やかな朝でした。何気なく鏡に向かって歯を磨き始めると、突然右腕が重たくなって、歯が磨けなくなりました。

「え？」一瞬何が起きたのかわかりません。コップの水を口に入れ水を吐こうとしたら、口の端から流れ落ちました。

怪訝《けげん》に思いながら血圧を測ると、今まで見たことがない数字が出てきましたので、とりあえず朝食を済ませ、半信半疑で主治医に電話を掛けました。

「すぐ病院に来なさい！」先生のいつもと違う強い語気に押されて、私は急いでタクシーを呼

び渋谷の病院に向かいました。

先生は手早くレントゲンの処置を命じ、検査が終わりました。

「軽いが脳梗塞です。このまま個室に入院したら三日で弱ってしまう。家に帰って家族と話したり、テレビを見たり新聞を読んだりするといい。刺激が早ければ、血管が詰まったところにバイパスが出来る」とのことで帰宅することにしました。

再発が怖いので、バイパスが出来るようにとテレビを見るのですが……、見えない敵と戦うようでこれが難しい！

急いで新聞に目を移しました。新聞も落ち着いて見ると読みごたえがあります。読者の投稿には、病気のことや、高校生の家族愛などが書いてあり、ホロリとします。新聞がこういう刺激を脳に与えるのが、リハビリになるのかと改めて合点しました。

日ころはご無沙汰している母と顔を合わせておしゃべりするのも、忘れかけていた親戚の消息や祖父母の思い出話など枚挙に暇《いとま》がありません。穏やかで心が満たされているのが分かりました。十日ぐらい経った時のことです。

私は毎朝抹茶をたてて一服いただくのが楽しみだったのですが、手首の動作が不自由になっており、泡が一粒もたたず大きなショックでした。リハビリの一つとして毎朝茶筅で練習をしましたが、うまくいきません。私はこの年のお正月のことは何も覚えていません。

●後遺症克服に挑戦

脳梗塞になってひと月ほど過ぎたころ、自分の病気がどんなものなのか、身の回りには経験者がおらず、知識がありませんでした。

「再発の呪縛」に緊張して過ごしていたある日のこと、私は吃音《きつおん》になっていることに気が付きました。携帯電話に応答する時、最初の「すずきでございます」がうまく言えないのです。

脳梗塞が発症した時、歯磨きのすすぐ水が口からだらっと流れたことを思い出しました。

ところが母に相談しても「全然、変じゃないわよ」という返事です。

「気にしないほうがいいわ」と言われても、これは気のせいではありません。どうしたらいいかわかりませんでした。

そんなある日、新聞の折り込みで「カルチャーセンター」の広告が目にとまりました。「生き生きボイストレーニング」講座です。早速「体験講座」に参加しました。

鵜飼久美子先生との出会いでした。昔テレビのリポーターで活躍していた方で、ヨガを採り入れた勉強でした。

「声にする前一瞬『間』を取れば大丈夫！」

先生の力強い励ましに、私は月一回のこの日が癒しの日になりました。講座が終わるまで「発声や話し方」「皆さんの前で三分スピーチ」「誤飲を防ぐ喉の訓練」など、長らくお世話になりました。

唇の麻痺は今も残っていますが、コツを使って吃音を飲み込んでいます。

●もう一度自分で着物を着たい！

三月になると、ようやく体調が落ち着いてきたので、母が歌舞伎に誘ってくれました。

歌舞伎やお芝居は着物で出かけるのが我が家の習わしでしたので、いつもの通り着物を着て、帯を締めようと思いました。

ところが右手が後ろに回らず、帯結びの所作が出来ないのです。

黙って着付けを手伝ってくれている母の大きな目から、ぽろっと涙がこぼれました。

私は、大好きな着物をあきらめることが出来ず、何か良い方法がないかと、呉服部の顔見知りの方に相談すると、二部式の見本で、帯を胴とお太鼓に切ったものを見せてくれました。

「胴を巻いてお太鼓を付けるだけなので簡単ですよ」とのことでした。

けれどもそのためには、帯に鋏を入れなければなりません。

私は帯を機《はた》織《お》り機で織って出来上がるまでの大変さと、帯の大切さを祖母から教えられていましたので帯に鋏を入れることなど、考えられませんでした。

ある朝、お風呂に入りながら、ふと思いつきました。ボランティアで活動する時、私は「折り紙」をいつもポケットに入れています。折り紙は紙を切らずにいろいろな形が出来るので、外国で言葉が通じなくても、一枚の折り紙があれば友達になれます。

子供たちと「だまし舟」を折って遊ぶとき舳《へ》先《さき》を折るのですがこの方法をとればいい。長い帯を胴の方向を変えれば「造り帯になる」とひらめきました。

私はお風呂を飛び出し、帯で試したら、思った通り簡単にお太鼓結びが出来ました。壁や柱を使えば、手が回らなくても二〜三分で着付けが仕上がるのです。

私はこの帯が世の中に広まったら、「着物は難しい」という印象の大きな要因となっている「帯結びが簡単にできる！」と考えました。これは障碍の有無にかかわりません。

私はこのアイデアを多くの「着物を着たいけれど帯が結べない」という方たちに教えたいと思いました。

●何はともあれ特許庁へ

「母さん、帯を仕事にするってライセンスを持っているの？」

息子たちと話をした時、私はすでに六十六歳。息子たちのアドバイスに耳を傾けました。

「仕事をするならライセンスを持つこと。家族をあてにしないこと。長続きをさせること。お金がないと言わないこと」

厳しいことを言うなとその時は思いましたが、今振り返ると、息子たちのアドバイスは有効でした。まず何はともあれライセンスに挑戦です。特許庁に電話をして、出願の手順を教えていただきました。

まず、特許庁に行き、出願したい帯の前例がないか調べていただきました。

「類似したものがないので、出願は可能です。ご自分でやりますか？」

説明を聞きましたが、とても無理そうなので、弁理士に頼むことにしました。係の方のアドバイスに従い、弁理士に毎日電話をかけました。

そのうち弁理士には各々得意があり、薬とか鉄鋼など専門分野があることが分かりました。

何日目かに「小物や衣類も扱います」という男の先生がおられ、マッチング出来ました。

鴇田先生という方でしたが、「女性の方が出願された特許で、受け付けられるものがほとんどない」と、いきなり釘を刺されてしまいました。

それから二時間くらい説明をして、協議をした結果「やってみましょう！」とお答えいただ

きました。誠実なとても良い先生でした。

前例がないので、図面が大変でした。弁理士さんに伝わるように言語化するのが難しく、何回か足を運んで出願受理が出来た時は、本当にほっとしました。

鴇田先生は、時代の最先端を行く特許や外国特許を手掛けている方でした。先生の手掛けた特許で、大きな会社に育ったお得意さんがいくつもあるということでした。

●駅二分の自宅を教室にする

私が住んでいた家は、世田谷区に接する東京西方の調布市にあり、緑や田畑が残る田園都市です。京王線の柴崎駅下車、徒歩二分の所にあります。宮大工に建築してもらった家で、応接間以外は全部和室、私好みに設計してもらいました。

この家に机や椅子を整えて教室にしました。弁理士の先生と相談して、「さくら着物工房」「さくら造り」のネーミングを商標登録。

床の間や欄間《らんま》、障子や襖《ふすま》は、後々生徒の記念写真や取材のために、撮影のバックとしてとても重宝しています。

私は着物が好きな仲間や、「切らずに作る造り帯」の話を伝え聞いた「着物が好きだけれど

帯で苦労している」方たちに集まってもらいました。

私が考案した造り帯の指導要領や教科書つくりなど、試行錯誤で帯の製作を勉強し、講師になる皆さんを速成で養成しました。

作業のための小道具探しもしました。何しろ前例がないものを作り上げるのですから大変でしたが、何とか恥ずかしくない準備が整いました。

●「さくら造り帯」講師養成講座発足

特許出願の取材が産経新聞の全国版に載りました。

その日の朝、六時になると「新聞を見ました」と電話のベルが鳴り響き、全国から四百件のお問い合わせをいただきました。

私は反響の大きさにびっくりするとともに、こんなにも「帯さえ簡単に結べたら着物を着たい方たちがいる」ことを知り、この方たちに真摯に向き合う決心をしました。

教室の受け入れ態勢が整い、かねがねご親交をいただいている川崎市ＫＳＰホテル社長大隈幸子様の計らいで広い会場を設営でき「さくら着物工房」の発会式を晴れやかに開催出来ました。そして第一期生百人を迎え、講座がスタートしました。もし私が脳梗塞にならなかったら、

この日はありませんでした。

再発もなく元気にやってこられたのは、神様が見守ってくださっているとしか思えません。私は感謝の念でいっぱいです。

東京の教室が安定すると「ぜひ習いたい」というご要望に応え、大阪で教室開催の準備をしました。場所は大阪駅前第二ビルの生涯学習センターです。幸いここでも新聞取材があり、素晴らしい奥様たちが参加して、活気のある教室が開催出来ました。

●各地で展覧会を開催

一年経つと、せっかくの生徒の美しい帯なのだから、展覧会をしようという話になりました。会場に選んだのは、東京都庁四十五階の展望室です。

観光の外国人たちも数多く訪れ、彼らに着物体験をしていただくのが大人気になり、新聞にも取り上げられて大盛況でした。

ここでは毎年展覧会を開催し、秋の風物詩になりました。五年間続いたのですが、東日本大震災以後は様々な事情があって、お借り出来なくなりました。

外国からの観光客も含め四十五階でエレベーターが止まり大変な避難状態が起きたことも原

因の一つとのことでした。

ただ、その後は日本橋の髙島屋、横浜の髙島屋で広々した催事場を展覧会会場にお借り出来、車椅子の方たちも次々おいでくださり、着物を楽しまれる風潮が広がりました。

大阪中之島公会堂では、「大阪教室」の展覧会が開催出来ました。ニューヨークの中央公園で行われた第二回「ジャパンデイ」に招聘《しょうへい》していただき、六百人のニューヨーカーに着物体験をしていただけたのは壮観でした。

それ以外にも、沖縄・九州・四国・大阪・名古屋・仙台・北海道などで開催できました。帯を切らないで「造り帯にする文化」が、今では変身型も含め全国に浸透しました。「コロンブスの卵」で、婦人雑誌にも惜しげなく公開したので今では、帯は切らずに造り帯にする文化が浸透しました。

●外国の着物事情

「日本の着物はテレビで見たけど、本物を見たのは初めて。皆、綺麗、綺麗と言っていますよ」

と、中国のガイドさんが教えてくれました。平成二十七（二〇一五）年三月半ば、卒寿を迎

えられた茶道の恩師・中原芳郎先生とそのグループで、上海ツアーに参加しました。先生が一番の健脚で楽しい旅でした。

成田から三時間半で暖かい上海空港に降り立った私たちは、古都・無錫《むしゃく》へ参りました。

私が二〇一〇（平成二十二）年の「上海万博」に行った時より、驚異的に都市化が進んでいましたが、その外郭には昔のままの貧しい暮らしが垣間見えました。

私のいでたちは着物。長距離のバス移動や古都の石畳には草履の方が真《まこと》に楽なのです。無錫の観光地で、私は中国人の旅行団に取り囲まれました。

私は着物に興味を持つ皆さんと写真を撮ろうと思いましたが、この旅行団にはカメラを持っている人は一人もいないようでした。

春節に中国から日本に来て、何百万円もの買い物をする観光客がいる一方で、無錫で出会った人々は「国内旅行がやっと実現した！」という感じでしたが、皆さん満足そうでこちらまで嬉しくなるような雰囲気が伝わってきました。

●海を渡って活躍する着物

私たちの「さくら着物工房」では、お客様のご要望で切らずに作るさくら造り帯や着物をお

仕立てしています。

最近では「娘が留学するので持たせたい」、「船旅のパーティで着たい」「海外で挙式するので……」と、海外で着物をお召しになりたいというご要望も多く、私たちもその夢を叶えるお手伝いが出来るのがとても幸せです。

オペラ歌手の森岡純子先生は、海外公演の際に、振り袖にさくら造り帯の「ふくら雀」をお召しになりました。

プッチーニの『蝶々夫人』を歌い終わると、コンダクターが「私の舞台に妖精が舞い降りてきました！」と絶賛。スタンディングオベーションが鳴りやまなかったそうです。

さくら造り帯は、スーツケースなどに入れて型崩れすることなく持ち運びができるので、旅行や移動をする方々にも大変喜ばれています。

こんな報告に励まされ講師も生徒さんも張り切っています。

●コロナを乗り越えて感謝の日々

東京ではその後東京芸術劇場で、全国「バリアフリーもっ帯《たい》ない」展を重ねました。ＮＨＫ「ひるまえホット」や朝日新聞の記事に取り上げられ、大賑わいでしたが、その三日後にコロ

ナでロックダウン。再開が叶わなくなりました。

ところが、コロナの中でも奇跡が起こりました。令和三（二〇二一）年二月七日、TBS「がっちりマンデー」で、「遅咲きの社長」として紹介されたのです。その反響は大きく、コロナ対策に万全を期した上で、教室は休むことなく元気に続行出来て幸いでした。出前授業やボランティア活動、私たちの長い道のりの無事故《ゆえ》に感謝を深めています。仕事のうえで、特許（ライセンス）はメディアの信用になりました。生徒さんたちには、「講師養成講座」を受講して、ライセンスを取得することを目標にしてもらいました。

こうして仕事をするうちに、いつの間にか脳梗塞の再発不安も乗り越えることが出来、私は桜植樹を生涯のボランティアとして、残りの生涯を「さくら守り」として過ごすことを望んでいましたが、「きもの守り」にもなりました。

そんなとき、思いがけない人生の大転換が起こりました。

第七章　古代ヤマトのルーツは阿波国にあった！

●突然のコロナ禍が世界を暗雲で覆った日

令和二（二〇二〇）年のコロナパンデミックは人生で初めて体験した世界的な大事件でした。

私は東京開催二回目のパラリンピックに向けて、平成三十（二〇一八）年から地元狛江市との協働事業「元気なパラリンピック応援団ＩＮこまえ」を立ち上げました。バリアフリー着物と帯で外国の選手と交流し、「二〇二〇年東京五輪音頭」を踊りましょうという企画でした。

私たちは藤間蘇女丸先生のご指導を受け、「東京着物ショウ」（会場コレド室町）の大舞台で前祝いに会場のお客様たちと五輪音頭を踊りました。子供たちも舞台参加。会場と舞台と一体になり感動の大喝采でした。

川崎市からオファーがあり、私たちはイギリスのパラリンピック選手団との交流事業をお受けして、団員一同大いにハッスルして準備を重ねていました。ところが、突然川崎市の担当者から電話がありました。

「イギリスの選手団は渡航禁止になりました！」

コロナの事の重大さを察知しました。

兎に角事後策として「パラリンピックの記念誌」を作ろうということになりました。私には

名案がありました。

●翻訳詩集を発刊、お土産に

　脳性麻痺の詩人堀江菜穂子さんは、唯一動く親指と人差し指を使って素晴らしい詩を書きます。その詩を翻訳して、来日されるイギリスのパラリンピック選手団や海外の方にお土産に持ち帰ってもらおう。翻訳には障碍当事者で翻訳経験のあるKさんがいい。

堀江菜穂子さん（撮影＝元木みゆき）

　この二人のコラボは、パラリンピックの精神にも適《かな》っていると思いました。提案してみたところ、みんな大賛成。こうして『さくらのこえ～Bloom in my heart』が誕生しました。私たちはこの詩集にパラリンピック開催の夢を託しました。

　この詩集は朝日新聞夕刊に大きく紹介され多くの日本人の心にも温かい「ともし灯」になりました。

　中学校や高等学校の先生方もご注文いただいたので、生徒さんたちにも読んでいただけたことでしょう。私たちの活動はテレビ

やラジオでも紹介されました。

この詩集の中から一つご紹介します。

こえなき人たちのうた
The songs by people without voices

くちがきけず　いしのそつうの　できない人たち
その人たちのうたを　きいてほしい
Listen to their songs
By those who can't speak and communicate through their voices.

みみでなく　心のおくで　きいてほしい
Listen to their songs
Not with your ears, but with the bottom of your heart.

みんなしっかり　うたってる
They sing strongly.
こえがなくても　うたってる
Without voices,
They sing surely.

そのうたは　おとではなく　くうきのしんどう
What the songs make is
Not the sounds, but the air vibrations
きっとあなたの心も　ふるえるから
—For it will touch your heart.

●「我が家のルーツ探し」の好機到来！

コロナのために、日本各地で開催していた展覧会がすべて中止になり、さくら着物工房の活動もひと休みになりました。しかし、それは私にとって、次のチャレンジへの好機でもありました。

子供のころに見た、四国の地図が真っ白な神武東征の図と「書いてはまずいことがあるのでしょう」という謎めいた母の言葉。そして「我が家は天皇にお仕えする部族だった」という祖父の言葉。それらは私の記憶に深く刻まれていました。

（百歳までの課題として、わが家の「ルーツ探し」をしよう！）私はそう決心しました。

母方の祖父の家は栃木県の粟野町でしたが、祖父は「粟野《あわ》のルーツは阿波《あわ》だ」と申しておりました。これは阿波国・今の徳島出身の人たちが開拓をして、そこに自分たちの故郷の地名を付けたという意味でした。

では、いったいそれはいつごろのことでしょうか。私はその疑問を解くために徳島に通いました。二〇二〇年五月から三十回近くになります。

私は子供のころから「どうして？　なんで？」としつこく質問しては、両親や祖父母を困ら

せたそうです。その好奇心は年をとっても変わらず、自分の足で探し、自分の感性で一つ一つ得心をしたいと思ったのです。

手当たり次第に阿波に関する本も読みました。ほとんど乱読に近い状態で、いくら読んでも私の疑問に答えてくれる本がないのです。しかしそんな中で、私の心臓をわしづかみにしたのはグーグルアースで作られた「梨目正氏グループ制作の邪馬壹国の地図」と二組の本でした。

●『道は阿波より始まる』の衝撃

私が衝撃を受けたその本は岩利大閑先生の『道は阿波より始まる』（全三巻）でした。岩利先生は阿波国の「秘史」を代々伝えてこられた家系のご出身で、親子三代にわたる研究のご成果をまとめたものでした。

岩利先生は徳島をはじめ全国各地を歩かれて、古くから伝わる伝承や古文書、神社や古墳、地名の由来と実際の地形などを丹念に調査されました。その結果『古事記』に書かれている主

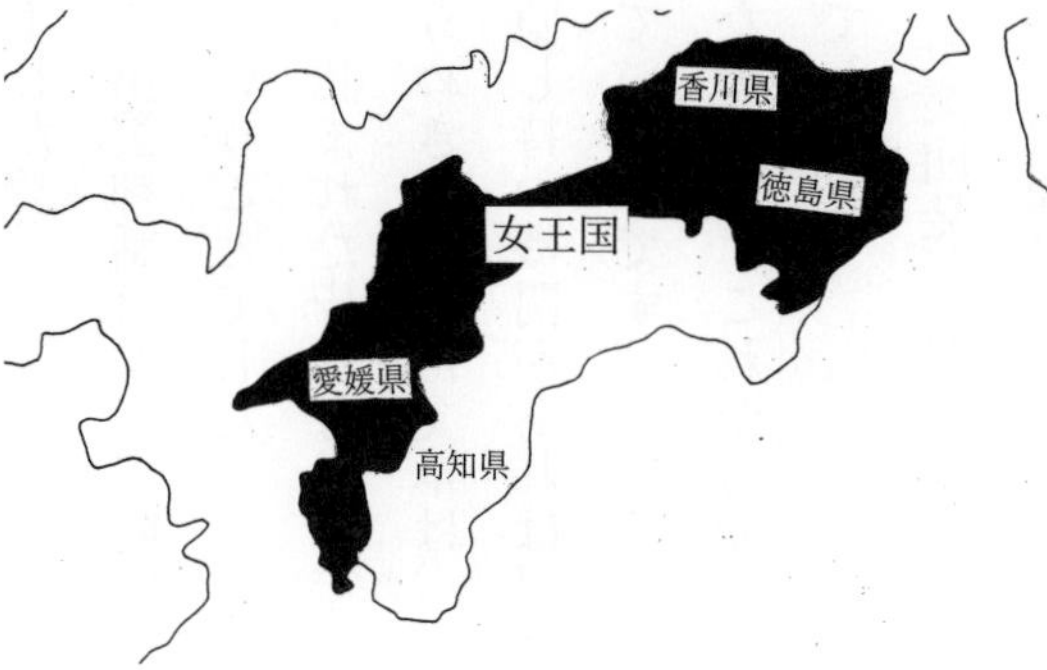

女王国は徳島

要な出来事は、阿波国内の出来事として説明出来ることを示されました。

例えば「以津毛《いずも》」ないし「出雲」は阿波国内の地名で、いわゆる出雲神話はすべて阿波国内の出来事だというのです。また神武東征は阿波国内の覇権争いだということでした。

現在の教科書に書かれている内容とはまったく違います。これを読まれた皆様も、すぐには信じられないと思います。しかし岩利大閑先生の血を吐くようなうめきにも似た文章は、私を強く揺さぶりました。そして、岩利先生が「……阿波国風土記を隠し持つ機関があれば引き出して、大閑が述べていることと比較してもらいたい……」と触れているのです。

私も、この声に何とか『阿波国風土記』を見たいものだと思ったのです。これから先のことになりますが、私のこの願いがまさか叶うとは思ってもいませんでした。

岩利先生のご本ともう一冊、公益財団法人キョーエイ社会福祉事業団発行の『大嘗祭《だいじょうさい》』という五キロ以上重たく、厚さが十センチもある立派な本が私の教科書になりました。

●阿波国が古代日本の中心だった！

これらは一言でいえば、「阿波国が古代日本の中心だった」という歴史観です。『古事記』に書かれている古代の神話の舞台はすべて阿波国であり、神武天皇から始まる初期の天皇も奈良

遷都前の四十二代天皇もすべて阿波の人。古代ヤマトとは実は阿波国のことであり、そこから後世の大和国に領土を広げ、やがて徐々に政治の中心がそちらに移っていき、最終的に奈良に遷都したというのです！

古代阿波の地名が後の大和や出雲に残っているのは、古代阿波人が新天地を求めて新たな土地を開拓したところに、懐かしい故郷の地名を付けたからです。祖父の田舎をはじめ全国に「粟野《あわの》・粟」という地名があるのもそのためでしょう。

「何を言ってるんだ。『古事記』や『日本書紀』は日本で一番古い文献だが、そんなことは全く書かれていないぞ」

そう反論する方もおられるでしょう。しかしそれらの原文は漢字を音写した、いわゆる万葉仮名で記されており、フリガナはなく段落や小見出しも付いておりません。そのため鎌倉時代ごろにはすでに、読み方や地名について様々な議論になっていました。

『古事記』や『日本書紀』が阿波で最初に編纂に当った当時の人たちにとって、自分たちのルーツが阿波にあるのは当然だったのではないでしょうか。現代でも誰にとっても常識的なことはわざわざ説明をしません。それと同じ感覚だったのでしょう。

一つには記紀編纂後数百年もの歳月が流れ、貴族から武士の世に移り変わるうちに、当たり前だったことがそうではなくなりました。そして「この字はどう読むのか」「これはどこの地

名なのか」と首をひねるうちに、「以津毛」は山陰の「出雲」のことだというふうに、後世の都合で定着されたのかもしれません。

●我が家と「阿波国」とのつながり

このような考えは、現在のアカデミックな世界の定説とはかけ離れているようです。でもグーグルアースで作られた地図も『道は阿波より始まる』の本も私にはすっと腑に落ちるものでした。この世界観で考えると、祖父の言葉をはじめこれまで疑問に思っていたことが、すべて一本の線でつながってくるのです。

母方の祖父は「我が家の先祖は天皇にお仕えする部族だった」と話していましたが、祖父の一族は先祖代々粟野の一帯に住んでいました。では、いつの時代の先祖が、どの天皇《みかど》にお仕えしていたのでしょうか。祖父自身疑問を持っていたようで「ルーツ探しの旅」をしていました。清和天皇のところまでたどり着いた話を聞きました。

そのころの私は、どういう意味かよく分からない言霊でした。私は晩年になり、神話や今の子供たちが学んでいる歴史の勉強に違和感を強く感じ始めました。我が家のルーツは人間です。遥か昔に阿波に住んでいた私の先祖がお仕えした古代の天皇たちは人間であり突然作られた神

様ではないはずだと素直に考えました。

そして行き着いたのが伊邪那岐命《いざなぎのみこと》と伊邪那美命《いざなみのみこと》のご先祖様を祀る神社である宅宮神社《えのみやじんじゃ》でした。生の人間ルーツを探していた私には宅宮神社が平安時代より一度も欠かさず踊り継がれている「神踊り」の中にある「いずも踊り」の伯母御は天照大御神であり、宗女は伊邪那岐命の一族です。大綿津見神《おおわたつみのかみ》の娘である豊玉比売《とよたまひめ》が比定されるのです。十三歳で女王の座に選ばれ三十余の国を託された豊玉比売と火遠理命《ほおりのみこと》（山彦）のご夫妻が日本の草創期、歴史を盤石なものにつくり上げていたのではないだろうか。そんな気がしてならないのです。


わが家の家系は、私の代までは跡取りは暗に恋愛結婚が許されないように躾けられました。結婚は家と家とのつながりという考え方は古い時代、このような同族意識があったのだと思います。今の若い方に言っても考えられないかもしれませんが、わが家は代々同じ「阿波ルーツ」「天皇に仕えた部族」の家同士で縁組をしていました。「天孫族は天孫族」と言うように。

強制的ではなくお仲人の好きな小父さんや小母さんがたくさんいて写真を預かり情報交換をしていたようで、私自身も小さいころからこの考えを刷り込まれていました。

今は、現代の仲人組織が出来たり、マッチングアプリや情報交換でいろいろな仕組みが生み出されているようですが。

ここで私の家系について記しておきましょう。

父方、茨城県の川島在住で苗字は荒井。

母方、栃木県の粟野に在住で苗字は齋藤。

父方の「川島」という地名も、阿波由来です。川島町は吉野川沿いに発達した徳島でも古い歴史を持つ地域で、かつては麻植《おえ》郡《ぐん》に属していました。中世には川島城という名城が築かれていたとのこと。

平成十六（二〇〇四）年の町村合併で現在は吉野川市になり、河川工事で町の形がだいぶ変わったようです。しかし今でも川島という地名は残っていますし、川島城も復元されて観光名所になっています。

この川島の地は現在も昔も阿波の中心部です。ここから新天地へ旅立った人たちが、遠い遥か昔、現在の茨城県までたどり着き、開拓に励み新しい土地に故郷の名を付けたのでしょう。

母方は「阿波国」の粟の名前をしっかり受け継いで「粟野」です。「阿波国」は古代「粟国」と表記されていました。現在の徳島県の北の地域が粟の生産地だったためなのでしょうか。

南の地域は長国と呼ばれていましたが、後の律令制において、長国の領域を含めて令制国と

して「阿波国」が成立しました。和銅六（七一三）年、元明天皇による好字令で、地名を二字で表記することになり「粟」は「阿波」に変更されたのです。

●嫁ぎ先の家と阿波とのつながり

第四章でお話ししたとおり、私が結婚した鈴木の家も、「阿波ルーツ」でした。

義父のふるさとは静岡県掛川市の出身でした。家の近くに式内社・阿波々神社があり奥の院は粟ケ岳に天照大御神が鎮座しています。紛れもない阿波の人々が開拓した土地で鈴木の家は古い茶畑農家です。

ところがその義父は三男で一家をなすために昭和のはじめ、同郷の先輩が設立した会社に勤めました。会社の名前が「桑野電機製作所」でした。義父の話では、「桑野」は先輩（社長）の故郷の地名ということでした。私は義父の会社がなぜ「桑野電機製作所」なのだろうと、ずっと疑問に思っていました。

その理由は実際に徳島を訪れて分かりました。ＪＲ牟岐《むぎ》線に「桑野駅」があり、桑野は徳島の地名で、同郷の先輩というのは同じ「阿波ルーツ」の家だったのです。社長に子供がいなかったので、義父が会社を引き継ぎ、お墓守りまでしたと聞きましたが、それも同じ「阿波ルー

ツ」の絆だったのでしょう。

現在、徳島に来て父に聞いた話を思い出します。徳島には「桑野」の地名は現在も数多く残っており、阿南市桑野町は広い農業地区であり、一級河川の桑野川が流れる穏やかな地域で阿南市内にはなんと、荒井という地名もありました。荒井の姓を名乗る家もありました。徳島でも古い歴史を持つ家のようです。私の父方は茨城県の川島の荒井家ですが、川島も荒井も現在徳島に生きる地名です。

私は初めて桑野や荒井を訪れた時、不思議な感動に襲われました。私の先祖がこの地で生活していたのだろうかと想像しながら歩くと、初めての土地であるのにどこか懐かしさを覚えました。伊邪那岐命と伊邪那美命が喧嘩をして伊邪那岐命が追い返された話があります。

帰り道で伊邪那岐命が「禊《みそぎ》」をした川が「桑野川」で下流と上流が「荒井川」だと書かれた資料がありましたが、この町辺りだったのでしょうか。桑の葉っぱでは蚕を育て生糸から織物を作りますが、桑の木の皮は紙の原料にもなります。この辺りは桑の木が繁茂する自然環境の土地だったのでしょう。弥生時代に絹織物の生産がされるようになり卑弥呼が魏への貢物にした様子が浮かびます。

私には本当に濃い阿波の血が流れているのだと実感し、自分のルーツへの誇りを深めたように思います。

●大嘗祭と麁服《あらたえ》

古来から歴代天皇が即位後に臨む「最重要儀式」とされてきた大嘗祭。宮中では毎年、その年に収穫した穀物などを神様に捧げる新嘗祭《にいなめさい》という儀式が秋に行われています。天皇が即位された際に行われた最初に行う儀式を大嘗祭といいます。現在の上皇陛下が即位された際に行われた天皇陛下の大嘗祭は、私たちが初めてテレビを通して拝見した大嘗祭でした。厳かな御式を執り行う上皇陛下と美智子皇后陛下のお姿は大変鮮烈でした。

今上天皇の大嘗祭は、私たちにとって記憶に新しいものです。

天皇陛下、皇后両陛下をはじめ、天皇家のご家族がお揃いのご様子はお健やかで、映像からもお喜びがひしひしと伝わりました。平和の世の永久《とこしえ》と安寧を祈るお言葉に、大変心を惹かれました。

大嘗祭で召される麻の織物の肌着のことを「麁服」といいます。皇祖人、天照大御神のお召しになられた神衣が起源であると考えられています。平安時代に編纂された法令集『延喜式』に、「麁服は阿波国から献上される」「阿波國麻植郡の忌部《いんべ》族が作っている」という意味の記述

卑弥呼女王、新嘗祭／藤島大千画伯・画

があります。

現在、徳島で「麁服」を伝承されているのは三木信夫総帥です。

徳島の「忌部神社」に参拝して、御朱印帳を宮司の奥様に書いていただいたことがありました。コロナが流行していた時でしたので、コロナの終息祈願も書いていただきました。宮司の奥様が、

「今日は寒いからお参りくださったのは皆さんだけでした。苧殻《おがら》をお持ちください」と参殿に案内くださり、お参りしました。その後、麁服と麻のことをお話ししてくださいました。私が、

「麻といえば、栗野の祖父が戦後、麻工場をやっておりました。栗野は麻の栽培を許されていて盛んでした」

ふと、昔のことを思い出してそう口にしますと、奥様は大変驚かれました。

「まあ！　この度の麁服に使った麻の種は、栃木県栗野町の大森さまから取り寄せたのですよ」

麁服の供納は南北朝の時代の光明天皇を最後に途絶えていましたが、大正天皇の大嘗祭の時に復活しました。ところが戦後は全国的に麻の栽培が規制されており、種の調達に大変苦労されたそうです。

それが祖父のいた栗野町から貢進されたとは思いがけないご縁でした。祖父は地元の産業と

して麻の栽培を奨励していたようですが、それがこんな形でお役に立っていたとは知りませんでした。このことで、自分の家のルーツが阿波だったことを、さらに強く実感しました。徳島が一足飛びに身近になった出来事でした。そして祖父の親戚の奈良武次さんが大森さんの小学校に来てお話があったそうです。「陸軍大将で昭和天皇の従侍武官長だったのにとても優しかった」と覚えていました。こんな昔話のとてもやさしい時の流れでした。

●邪馬壹国は徳島にあった！

「魏志倭人伝」で有名な邪馬壹国はどこにあったのでしょうか。現状では九州説と畿内説を中心に様々な説が入り乱れていますが、決着はついていません。今後も完全に決着することは難しいのではないかと思います。

　その中で私自身は、書いてきましたように祖父の言霊で「皇都」は「阿波に決まっている」と信じていました。

「魏志倭人伝」は中国の歴史書です。その中でおよそ二千字にわたって、倭国の地理、風俗や習慣、政治体制、魏との外交関係などが詳細に書かれています。これはそれだけ邪馬壹国の勢力が大きく、無視できない存在で文化的にも交易をするにも値出来る国が形成されていたこと

の証だと思わずにはいられません。

「倭人の国の中で魏に使者を送っている国は三十国」という記述がありますが、その中で最大の国が邪馬壹国で、中国から「親魏倭王」の称号を貰っています。卑弥呼女王が倭国の支配者と認められたわけです。当時の日本でそれだけの勢力があるとすれば古代阿波政権しか考えられず、邪馬壹国は阿波にあったと考えるのが自然なはずです。

もちろん、これは先ほど述べたように完全決着は難しい論争です。私は論争などでなく、現在の日本の教育体制の歴史と並行して、確かな日本の基礎が築かれた古代の歴史をきちんと受け入れてほしいのです。

●帯方郡から邪馬壹国への道筋

「魏志倭人伝」には、帯方郡の都から邪馬壹国へ至る詳細な道筋が記されています。ただ、現在の地名と対比して場所が特定できるのは壱岐までです。その先の末盧国、伊都国などは九州北部と推測されていますが、そこから女王国に至る道筋については古来様々な議論があって確定されていません。

日本の資料と一致する地名がないうえに、水行何日とか陸行何日という書き方をしているの

で、距離も正確には分からないのです。例えば陸行一カ月とはどのくらいの距離なのでしょうか。街道が整備された江戸時代なら、江戸から京都まで徒歩でおよそ二週間で着きました。一カ月あれば往復できます。しかし邪馬壹国のあった三世紀には山が多く街道らしい街もなく、はるかに時間がかかったことでしょう。ですから、細かい議論をすればするほど、迷路の中に入っていくことになるのです。

日本では細かい理論や机上の憶測だったようで私には理解できませんでした。思い切って、シンプルに考えてみてはどうでしょうか。日本列島と朝鮮半島そして中国大陸の東半分が見える宇宙に立ち俯瞰した大きな地図を思い浮かべてください。

●中国の大偉人　科学者張衡《ちょうこう》のこと

この時代（AD七八年～一三九年）、中国では張衡《ちょうこう》という天文学（月食の原理）、数学（円周率の計算）、地理学（方眼紙による地図作成）が出ておりました。

天文学で「渾天儀《こんてんぎ》」が張衡により発明されていました。地球を中心に天球の緯度と経度を表示し、黄道のような天文学に大切なものも組み込まれていました。

張衡の存在を知れば四国の地図の説明は正しく解明されていたことが分かります。私はグー

グルアースで作られた地図を使いました。従来の地理の説明をもう一度見直す必要があるように思われます。

中国の宋の時代の三大発明は羅針盤・火薬・印刷です。一般的な常識では宋の時代十世紀末、中国の三大発明で経済の大飛躍がありこの時代に発明された羅針盤が西洋や日本では基準になっているようで、日本では「張衡」の偉業は知らず「邪馬壹国」が特定されなかったようです。「魏志倭人伝」の著者・陳寿たちは張衡の技術を使いグーグルアースに等しい数学、地理学、天文学などの技術を使い地図に反映されていたようです。

●項羽の下相城跡地探訪の旅

私は令和五（二〇二三）年九月二十四日～二十九日、中国江蘇省宿遷市宿城区項羽の下相城跡地を探訪の旅へ出かけました。会稽東治《かいけいとうじ》の項羽の下相城《かそうじょう》の跡地に立って北緯度三十三・九度、日本の神山町神領の卑弥呼の居城の位置が同じ北緯三十三・九度であることを実際に確認できました。地図は正しいものでありました。

陳寿が述べている邪馬壹国の所在地の条件は、大きく分けて二つあります。

一つ目「東南海上自郡至女王國　萬二千餘里」（帯方郡から邪馬壹國（女王国）までの距離はおよそ一万二千里）。
二つ目「計其道里　當在会稽東治之東」（その道里を計るに、まさに会稽東治の東にあるべし）。
会稽郡の都から真東の方向に邪馬壹国があるというのです。この会稽東治がどこを指すのかは長年議論になってきましたが、二〇〇六（平成八）年に項羽の居城・下相城が発掘されました。生まれ故郷の会稽東治だと考えられています。

この下相城跡から真東に引いた線と、帯方郡都から南に引いた二つの線がピッタリ一致するのが徳島県神山町神領なのです。この事実を知った時、私は大変驚きました！　大感動でした！

●責任者・南京博物院の専門家林留根氏の発表記事

私は満州大連で生まれており、大連出身の四十年来の親友がいます。項羽の城に関して多くの資料をいただくことが出来ました。その中から南京博物院の専門家・林留根氏の発表記事を紹介します。

この貴重な発見がなぜか日本国内では全く学問に反映されていません。

項羽の故里、下相城の遺跡を江蘇省で発見 china.org.com

中国の史書『史記・項羽本紀』には、「項羽は、下相の出身である」と記載されているが、項羽のふるさととされる下相城の具体的な位置については、証拠がないため、ずっと謎でした。江蘇省南京博物院考古研究所や江蘇省宿遷市文物管理事務室などからなる合同考古チームは、このほど、江蘇省の宿遷市でその下相城の遺跡を発見した。

発掘の過程で、数多くの陶器の破片や瓦などが出土しており、それらはいずれも秦や漢の時代のものと認定されている。今回の活動の責任者でもある南京博物院の専門家林留根氏は、「文献と照合し、このお城の遺跡は下相城であると裏付けられている。

今回の発掘では、下相城の具体的な位置が明らかにされただけではなく、その面積や、城壁の構造などについても明確な認識ができた」と明らかにした。

（「ＣＲＩ」より　平成十八（二〇〇六）年　四月十一日）

私たちは中国に行き、実際に下相城跡を訪れました。その詳細については、また別の機会に述べたいと思います。

●卑弥呼の鏡、三角縁神獣鏡《さんかくぶちしんじゅうきょう》

古代の日本では鏡は祭具として使われていたようです。『古事記』の天岩戸《あまのいわやど》神話では、鏡が重要な役割を果たしました。

天照大御神が天岩戸に引き籠られ、困り果てた高天原の神々は一計を案じます。大宴会を開いて大騒ぎをし、不審に思った天照大御神が天岩戸を少し開いた時に、鏡をかざして見せたのです。鏡に映る自分の姿を見て驚いてさらに戸を開いた時に、すかさず力の強い神が指を差し込み一気に押し開きました。こうして再び高天原と地上の世界に太陽の光が戻りました。

古代の日本で鏡が重要な役割を果たしていたことは、全国で数多くの銅鏡が発掘されていることからも分かります。その中でも特に重要なのが「三角縁神獣鏡」と呼ばれる銅鏡です。この鏡は別名「卑弥呼の鏡」と呼ばれています。

「魏志倭人伝」によれば、二三九年に邪馬壹国の女王卑弥呼から使いがあり、「親魏倭王」の封号と「銅鏡百枚」が与えられたと書かれています。この鏡が「三角縁神獣鏡」であることが分かっていたのです。この鏡は卑弥呼が魏から与えられた権威の象徴でした。

「三角縁神獣鏡」は畿内を中心に全国各地で出土しています。おそらく卑弥呼やその後継者たちは、この鏡を自分に従うクニの長《おさ》たちに与えたのでしょう。ですからこの鏡が出土した場所は、邪馬壹国の領土かそれに準じる地域だと言っていいのだといわれています。

●徳島でも三角縁神獣鏡が出土

三角縁神獣鏡が徳島でも三十年以上前に出土しています。それが宮谷古墳でした。宮谷古墳は徳島県徳島市国府町西矢野にあります。

令和元（二〇一九）年、徳島市立考古館の特別企画展に於いて図録「宮谷古墳の時代」が発刊されました。平成元（一九八九）年に発掘調査が行われた前方後円墳の記載が見事です。

三角縁神獣鏡が語る古墳時代史

岩本崇（広島大学法文学部准教授）

「三角縁神獣鏡はなぜこれほどまでに注目されるのであろうか。その最大の理由は、この鏡が「卑弥呼の鏡」の最有力候補であることに尽きる」と書かれています。

（「宮谷古墳の時代から」抜粋）

この一帯は徳島県内でも古墳が多く、周辺一帯が阿波史跡公園として整備されています。私は合計七回訪れて、周囲を散策しました。

公園内にある徳島市立考古学館で、私は「宮谷古墳の時代」という令和元年度・企画展の図録を見つけて買いました。

図録は宮谷古墳の発掘調査の報告書になっております。

それによれば「一九八九年の発掘調査で三角縁神獣鏡が三点出土しています。翌年の第二次調査では、碧玉製の管玉やガラス製の丸玉、鉄剣、鉄斧、ヤリガンナなどの鉄製品が出土しました。全国的にはあまり知られていないと思いますが、この地に卑弥呼と関係の深い有力な政権があった証拠だ」と書かれています。

最初に古墳に登った時は初冬で、地面はきれいに芝が刈られていました。頂上から素晴らしい眺望を楽しみました。春は桜の山で夏は草が青々と茂っていました。広い視野の中に自然が広がっています。この大地で古墳築造に励んだ古代の人びとの息吹が、今に蘇るような気がしました。古代の人たちの営みの息吹が、今も生きていると感じました。この地がパワースポットであることは間違いないようでした。

●邪馬壹国を発展させた「辰砂《しんしゃ》」

日本で唯一「若杉山辰砂採掘遺跡」発見
最近の調査では、採掘に使われていた地下坑道も発見

みなさんは、「水銀朱」をご存じでしょうか。赤色をした硫化水銀のことで、辰砂ともいいます。古代の日本では「丹《に》」と呼ばれ、埋葬施設に撒いたり、遺体や土器に塗られたりしていたようです。

大変貴重なものでした。赤というのは血の色であり、火の色ですから、何らかの宗教的・呪術的効果があると考えられていたのでしょう。

「魏志倭人伝」には、「其山丹有《その山には丹あり》」と記されています。邪馬壹国では水銀朱を産出していたことが記載されています。これは邪馬壹国の場所を特定ができる大きな手掛かりです。

辰砂の鉱山自体は国内に何カ所かありますが、古代の採掘跡が確認できる遺跡は一つしかありません。徳島県阿南市にある「若杉山辰砂採掘遺跡」です。最近の調査では、採掘に使われていた地下の坑道も発見されました。また採掘した辰砂をすりつぶして、顔料の朱に加工して

いたことも分かってきました。

この遺跡の最盛期は弥生時代後期から古墳時代前期ごろまでです。

これは「魏志倭人伝」の卑弥呼と宗女の壹與《たいよ》（壹與のことについては次章以降で詳しく説明します）の時代にあたります。

彼女たち女王の衣装にも、この特別な色が使われていたに違いないでしょう。その朱色は、女王たちの高貴なたたずまいを彩るものだったと想像できます。

現在漫画や挿絵で天照大御神、豊玉比売を描くとき必ず着物の形で描かれます。しかし、弥生時代の埴輪を見ると女性は独自のスタイルで日本独特のようです。

私たちはこの度、徐州を旅し漢時代の陶俑を見学しました。日本の着物の原型がありました。数百の人形はみな右前に合わせた着物を着ていました。中国から呉服といわれる文化が日本に伝わるずっと以前の前のものでした。

弥生時代、邪馬壹国には独特の立派な文化が築かれていたことを窺い知るものだと思われます。日本画家藤島大千画伯はそのように想像して、二人の女王の肖像を描きました。ぜひ、この素晴らしい卑弥呼と壹與の絵をカラー写真でご覧ください。

●佐賀県吉野ケ里遺跡で石棺発掘見学

令和五（二〇二三）年六月五日のことです。佐賀県の国指定特別史跡・吉野ケ里遺跡で、神社があったためこれまで調査ができなかった通称「謎のエリア」が発掘され、「石棺墓内部から赤い顔料が出てきた」というニュースが大々的に報道されました。

それを聞いて、私の心が湧きたちました。赤い顔料の謎に惹かれて早速現地へ六月十四日旅立ちました。佐賀県の担当副部長さんのご案内で発掘現場の見学をさせていただきました。私はこの顔料は水銀朱の可能性があると思いました。もちろん調査中のことであり分かりません。

もしも水銀朱（丹）であれば、吉野ケ里は当時の邪馬壹国と強い国交があったに違いないでしょう。図録には甕棺に水銀朱が使われたと書かれています。佐賀県内には銚子塚古墳があり、各地にある「鹿島」の地名のように鹿島市があります。また銚子という地名は千葉県にもありどちらも阿波の開拓団が開いた土地のようです。佐賀にも同じ息吹があり阿波と強い国交、交易の可能性が非常に高い、いきいきとした女王国と吉野ケ里が目に浮かびます。いろいろな今後の調査を待ちたいと思います。

●輝ける阿波と卑弥呼女王

徳島は土地の八十パーセントが山だといわれています。残りの平野部には吉野川が流れ、田畑の耕作が行われています。山脈がゆったりと幾重にも重なる風景には、どこか郷愁を覚えます。あたかも日本の原風景のようです。この平野の狭い土地を統一したリーダーたちが、海の向こうに新天地を求めた気持ちが分かるような気がします。稲作や畑作に適した土地が少なく人口が増えていく。

邪馬壹国の繁栄と人口増加が大きな問題になっている中で卑弥呼は持ち前の先見性や指導力で本土の未開発地に開拓団を送り出す、開拓者たちは海を越えて外の世界を目指したのだと想像します。海岸から海に出れば、淡路島があり、大阪湾があります。岡山や和歌山も遠くありません。九州にも開拓団が数多く移住しました。

海人族の航海術も確かなもので黒潮にのり関東や東北にも開拓団が次々送り出されました。

卑弥呼は賢い慈愛に満ちた指導者であり三十以上の国の長《おさ》に敬愛されていたのでしょう。船には粟の種、稲の種・蚕、麻の種など満載だったようです。各地に入るとき戦いの摩擦ではなくこのような作物や文化を分かち合えたのでしょう。稲の種が一番大切でした。阿波の稲作の

歴史は日本最古の埋蔵記録があります。

それにしても開拓は過酷な苦労が伴ったはずです。このような先人たちを想像することで不思議なことに先祖を感じることが出来ました。

父の郷に流れている鬼怒川の対岸は見渡す限りの桑畑で絹糸の産地でした。「結城紬」の名産地です。母の里の粟野は「麻」の名産地でした。

これもまた阿波の歴史の輝ける一コマといえるでしょう。

「魏志倭人伝」が書かれた弥生時代から古墳時代、阿波国は秀いでて輝ける日本の中心だったと言えるのではないでしょうか。

陳寿は卑弥呼の細かい情報を知らなかったのかもしれません。卑弥呼の天才ぶりは枚挙に暇がありません。鏡で同盟国や対岸の要所と、鏡の光で交信が出来たという研究者の記録がありました。また、外交的手腕に長けていたことは記録が多く残されています。

ファッションリーダーでもあられたのではないでしょうか。

この時代、着物のイメージは全くありません。この度の中国探訪で徐州陶俑博物館に行きました。男子も女性も日本の着物の原型をたくさん見てきて納得しました。平安時代の初め呉の着物文化が日本に伝わりました。

陳寿の書いた「魏志倭人伝」では卑弥呼が姿を見せず男性を寄せ付けず弟のみを頼りにしたといいますが、それでは三十余国の長《おさ》を納得させる治世はできません。

卑弥呼は子供を宿し慈愛に満ちた母であり民の安寧を祈り、豊かな国造りのためにコンピュータのような知力、統率力があったに違いありません。

万座の男性がかしずいた大いなる女王だったと想像出来ます。

第八章　宅宮神社は古代史の要

●卑弥呼と壹《と》與《よ》の痕跡を探る

前章では邪馬壹国は徳島にあったというお話をしました。それが事実であれば、卑弥呼と壹《と》與《よ》という二人の女王も徳島におられたことになります。もちろん、学術的には証明されていない話ですが、私は何とかその痕跡を探そうと考えました。

邪馬壹国の女王卑弥呼が後の大和朝廷に連なる系譜にあるとすれば、それは日本の神話に何らかの形で反映されているはずです。「卑弥呼」は「日御子」あるいは「日巫女」ではないかという説は以前からありました。つまり、太陽の御子ないし太陽神に仕える巫女という意味です。

日本の神話でそれに相当するのは、天照大御神しかいらっしゃいません。前章でお話した天岩戸神話における鏡と、卑弥呼に授けられた百枚の銅鏡。「魏志倭人伝」の「鬼道を事とし、よく衆を惑はす」という記述にみるカリスマ性。卑弥呼とは天照大御神のことだと思います。

では卑弥呼の宗女で、十三歳で女王となった壹與はどうでしょうか。卑弥呼の死後、男王を立てたのですが国中不服で殺し合いが始まったのを、壹與が立つことで国中が収まったというのですから、相当なカリスマ性です。

私は、壹與は豊玉《とよたま》比売《ひめ》ではないかと思います。

壹與の父親は大綿《おおわた》津《つ》見神《みのかみ》で、海の最高神でした。当時の阿波の有力な部族だった海神族も配下でした。ですから多くの支持もあったのでしょう。十三歳の少女が一国を掌握できたのではないでしょうか。

徳島における天照大御神と豊玉比売の痕跡をどう探せばいいのでしょうか。キーワードは「神社」です。神様である以上、必ず神社に祀られているはずです。

日本最古の神社の記録は、延長五（九二七）年にまとめられた律令の施行細則『延喜式』に載っています。これを『延《えん》喜《ぎ》式《しき》神《じん》名《みょう》帳《ちょう》』といい、そこに名前のある神社を「延喜式内社」といいます。日本で最も由緒と格式のある神社ということです。

これからご紹介する「宅宮《えのみや》神社《じんじゃ》」も、「延喜式式内社」です（なお『延喜式』では意《お》富《お》門《と》麻《ま》比《ひ》売《め》神社《じんじゃ》と記載）。この「宅宮神社」とのご縁も実に不思議なものでした。

●令和四年一月の阿波徳島訪問

阿波おどり空港に降り立ち、案内の島勝伸一先生の運転で卑弥呼の神陵宮谷古墳、居城高根の悲願寺に向かいました。窓越しに低い山脈が幾重にも重なっています。真冬なのに空は明る

く緑を刷いたように山の色が生き生きしていました。国府町西矢野にある宮谷古墳を確認して午後神山町神領の悲願寺に向かったのですが、雪が深く断念。

山道は狭く九十九《つづら》折で、下を方を見ると吉野川が西から東へ太い螺鈿細工《らでんざいく》のようにきらめいていました。

時間が空いたので、国産みをした伊邪那岐命と伊邪那美命のお祖父さんお祖母さんにあたる『古事記』にある「天地の初発の時に成りませる、神代《かみよ》七代の神々」のうち、五代目の大苫邊尊《おおとまべのみこと》と意富門麻比売神《おおとまひめのかみ》が祀られている、徳島でも一番古い宅宮神社《えのみやじんじゃ》（所在地：徳島市上八万町上中筋五五八）へ行こう」ということになりました。

着くと偶然、河野宮司さんが写真撮影をしているところに出会いました。島勝先生は「東京から御先祖様が阿波だと言ってルーツ探しに来ている鈴木さんです」と私を紹介してくれました。「御朱印をいただきたいのですが……」と御願いしますと、「ああ、いいですよ。奥でちょっとお待ちください」と宮司さんは快く母屋へご案内くださいました。

四〜五メートルほどの立派な自然石の橋を渡り、玄関の中に入ると大きな机がありました。

室内の明るい電灯が、壁いっぱいに張られたパッチワークのタペストリーを浮き立たせていました。大きな藍染めの生地の上に着物の柄が美しく映え、思わず息を飲みました。宮司さんの奥様の作品で賞をいただいたそうです。

大きな机のガラスの下に「宅宮神社」の略記や壹與の文字が躍る記事などがびっしりスクラップしてありました。私の心臓は高鳴りました。

宮司さんが御朱印帳をしたためてくださいました。頂戴した名刺には、「医学博士・河野《かわの》通《みち》宣《のぶ》」と記されていました。

そこで河野宮司の説明によると、天正年間土佐の長宗我部《ちょうそかべ》元親《もとちか》軍により阿波は占領され、八幡神社以外は焼き討ちにあい、意冨門麻比売《おおとまひめ》神社も焼け出されました。その後こちらに移し再建し現在は「宅宮《えのみや》神社」となっています。神代七代の五代目ですから、伊邪那岐命と伊邪那美命のお祖父さん、お祖母さんで、天照大神様の曽祖父母様に当たります」と説明がありました。私は宮司さんのお話を是非もっと伺いたいとお願いしました。残念ながらその日は、地域の方たちから「コロナ対策」の講演を頼まれているとのことで、改めて明日お伺いすることにしました。

●ご母堂・操《みさお》様のご縁に導かれて

次の日、私は自分の記事が掲載された雑誌『サライ』（二〇二一年三月号）をお持ちしました。

「朝飯じまん」という特集で私の健康の秘訣について書かれた記事です。この雑誌を自己紹介用にお渡ししました。

宮司さんのお顔がパッと和んで「僕の母もサライにお世話になりました」。

そして奥に入り『サライ』（一九五五年・八・三号）をお持ちくださいました。「サライ美術館」にご母堂・河野《かわの》操《みさお》様の作品が特集されていました。

阿波の伝統産業である和紙人形の作品で、それは芸術作品にまで高められていました。題材は昭和の時代を切り取って、今では消えつつある伝統産業に働く人々の姿を和紙人形でジオラマ作品に再現したもので、徳島の藍《あい》玉作り、和三盆糖造り、養蚕、お蚕から糸取りの仕事、稲作等と神社の初詣から年中行事の群像はどれも繊細な手仕事で仕上げられています。着物などは全部ご自身で染付をして着せています。今にもお人形が動き出しそうです。

私は本当の血が流れているような、あまりにもリアルな作品に、深く心打たれました。顔の角度から手の動かし方まで、自然に働いているような群像なのです。「お母様は美術の勉強をなされたのですか？」とお尋ねすると、

境内資料館

「賢い母で当時の医大の試験にも受かっていたそうですが、父親が急に亡くなり諦めたようです。神社に嫁いで六十歳ごろに和紙人形を習い、昔の文化を残そうと思い立ったのですね」

お母様のお部屋はいつも夜中まで電気が煌々と明るかったそうです。九十二歳で他界なされるまで作り続けたお人形は、徳島県立博物館や徳島市役所などに飾られています。また、「操寿庵」という作品の収蔵館が神社の道路の向かいに建てられています。

今上天皇陛下が東宮様時代、徳島にご来駕の折、藍住町歴史館「藍《あい》の館《やかた》」でご母堂様の作品をご高覧になられたそうです。私はご母堂操様に導かれ奇跡的に、宅宮神社にたどり着いたような気がしてなりませんでした。

宅宮神社が現存の最古の神社である歴史や、第七代孝霊天皇の第三皇子が河野家の祖であることなどのご説明を書いていただくことにしました。河野家は脈々と天皇家の血を受け継いでおられます。

●河野《かわの》通宣《みちのぶ》宮司のコラム

一．宅宮神社の沿革

宅宮神社の略記には、「現在地の南方、世傍示《せぼうじ》にひょうたん形の丘あり、意富門麻比売神社

はその山間の堂あるいは本屋敷と称される平坦地に鎮座、兵火により社殿焼失す、兵乱鎮まりて後、神林地に社殿を建立し、その時より宅宮大明神《えのみやだいみょうじん》として奉齋さる」とありました。その入口付近を大門と言い、大きな石の門があったと伝えられています。

この丘は、山頂が古墳だと言われていて、昭和五十九年に、ふもとから古墳時代前期の箱型石棺が出土しています。また、周辺は樋口遺跡と呼ばれ、弥生時代の住居跡や古式土器など多数が出土。更に隣接する峰々には巽山《たつみやま》古墳、樋口《ひぐち》古墳群があり、南東に位置する星河内美田《ほしかわうちみた》遺跡からは昭和七年に袈裟《けさ》襷文《たすきもん》の銅鐸が実に七個も出土しています。

【参　考】

徳島市上八万町に鎮座する宅宮神社は、『三代實録』に「阿波国意冨門麻比売神社」として、貞観十六（八七四）年に従五位下を授与されたことが記載されています。また『延喜式』には「意冨門麻比売神社《おおとまひめじんじゃ》」としてその名をとどめています。『阿波国式社畧考《あわのくにしきしゃりゃっこう》』にはこの神社について「……上八万ニ宅宮ト云アリ……是ハ大苫辺尊《おおとまべのみこと》ハ家宅ノ祖神ト云ヨリ考出セシ説ナリ、然レ共天神七代ノ中伊弉諾冊両神ノ外ニ祭リ奉シ例ヲキカズ、是ハ古事記ナル大戸惑女神ヲ祭リ奉シナルベシ……」と記述されています。そしてまた、「阿波国名方郡上八万村ノ中央ニ山アリ、此の山腹ニ平坦ノ地アリ其所ニ意冨門麻比売神社《おおとまひめじんじゃ》アリ、天正年間……此神社兵燹《へいせん》ニ罹《かかり》リ社殿全部焼失セリ兵乱鎮マリテ後、仝神社ノ神林地ニ扣神社ヲ奉斎シ社殿ヲ建立シ、其時ヨリ

天照大御神から神武天皇までの系図

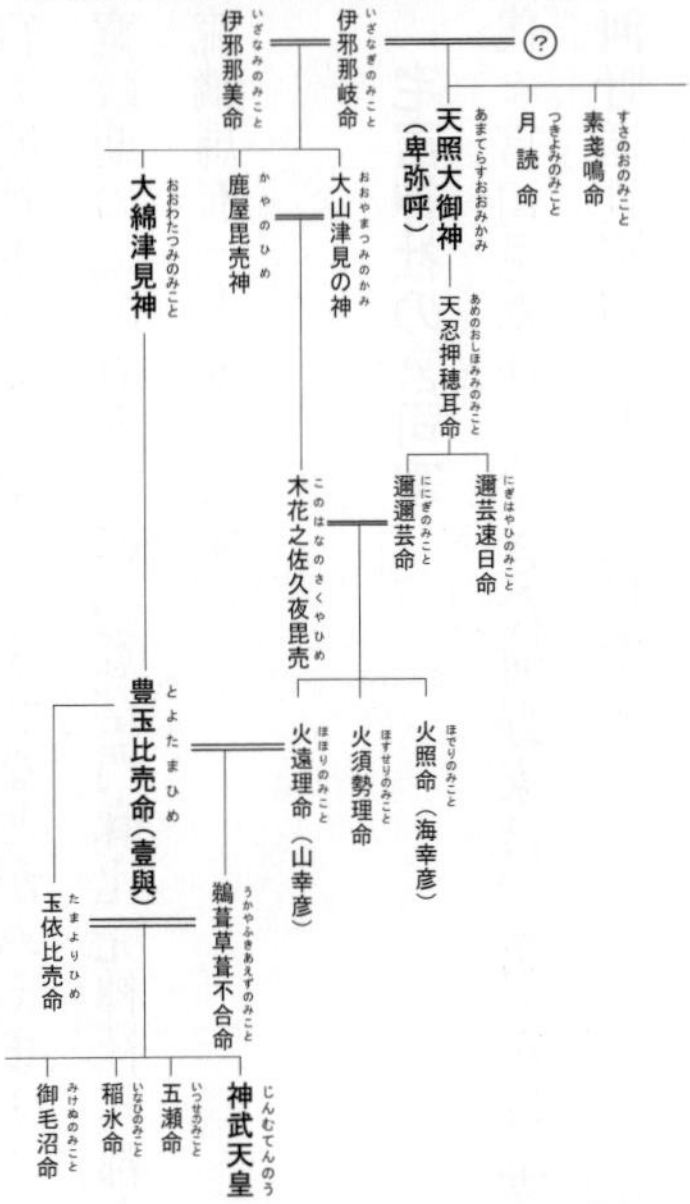

神代《かみよ》の神様系図《かみさまけいず》

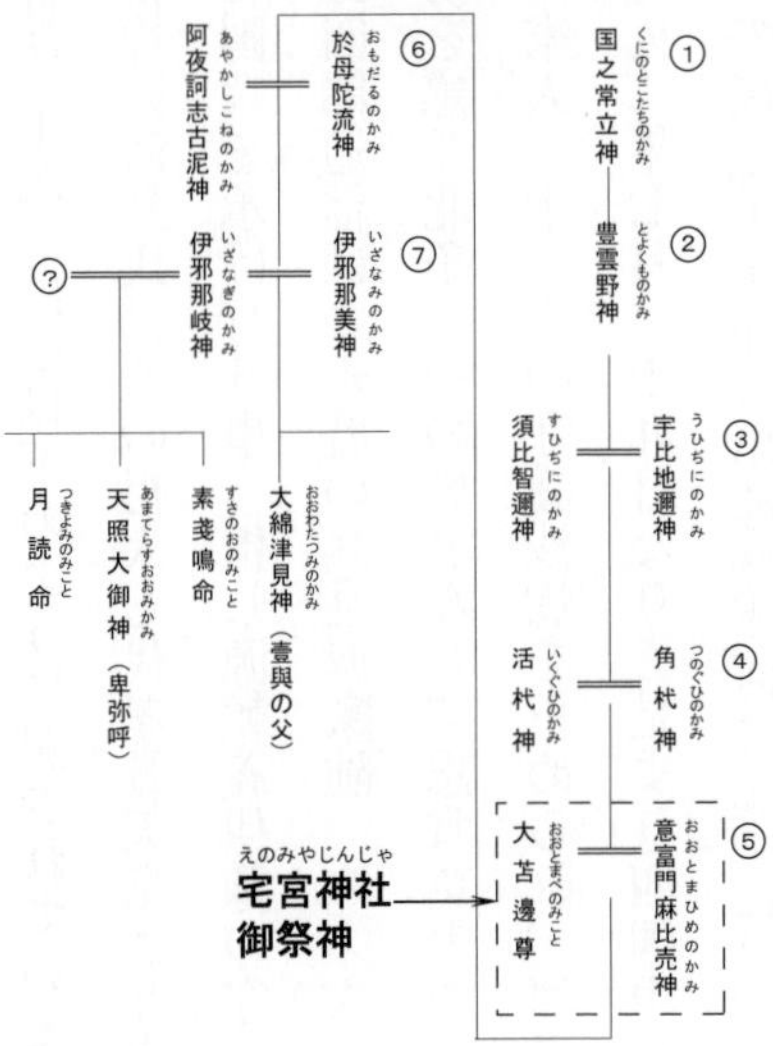

豊玉比売命の系図

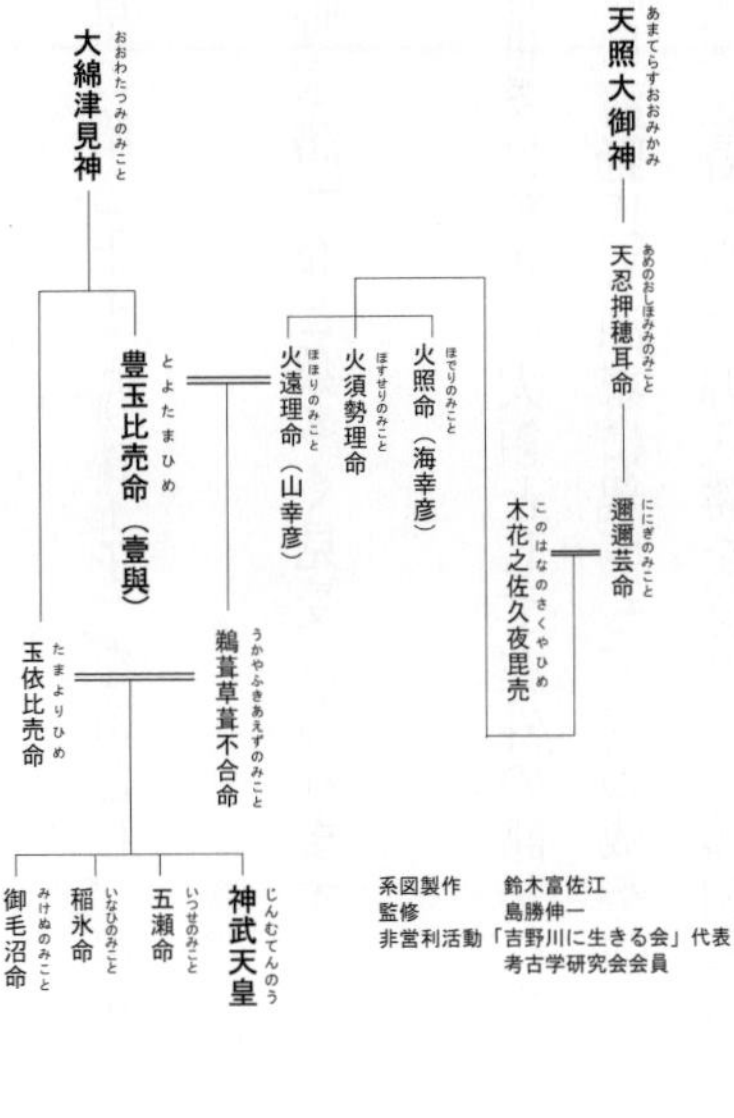

系図製作　鈴木富佐江
監修　島勝伸一
非営利活動「吉野川に生きる会」代表
考古学研究会会員

宅宮大明神ト称セシ事ハ……」などがみえます。

寛政期の『阿府志』に「意富門麻比売神社同郡上八万村俗ニ宅宮大明神祭神一座大苫辺尊祭礼流鏑馬有」とあります。

二．宅宮神社の宮司家

代々宮司を奉仕してきた河野家は、第七代孝霊天皇の第三王子（伊豫王子）を祖とし、現在の河野通宣宮司は七一代目です。

河野家に関する文書は「河野氏記」「予章記」「河野家譜」など数多く見受けられますが、「河野氏軍記」には以下のように記されています。

伊豫国河野氏はその祖人七代孝霊天皇より出、河野世々に豫州の大領として在外の諸司に列して国政を承け行う事　但し源頼義伊豫の守たりし時に河野氏も源家に親属して其の威勢強し、河野四郎通信は寿永暦の兵乱源家随一の才人として平家を背く故に源氏勝を得たり、頼朝其の勲功を感じ北条時政の婿となして恩賞莫大なり　其の後北条氏天下の権を取りし時、伊豫の国の御家人三十二人の守護沙汰を止められ、河野通信沙汰すべき由、将軍家の御判を下さる　時に元久二年七月二十九日なり　是より四国中に河野に並ぶ大名なし。

この後、「土佐元親出陣豫州河野記」には、……通春に至り弓箭の術を失い亡ぶ　とあります。

また、別の書には、伊豫の守護大名であった河野家も天正の乱の時に小早川氏に敗れ、河野通直安芸竹原に客死す　ともあります（通直は総領家、通春は予州家）。

河野一族は阿波では富田荘を治めていたことから、阿波に安住の地を求めた一族もいたものと思われます。

河野通宣氏所有の系図によれば

……五十五代　通直―通則―通家―通泰……

五十八代　通泰　の添書に、河野伊豫守栄右衛門通泰　上八万の神主となる　慶安二（一六四九）年没　とあります。

このころに意冨門麻比売神社が戦乱により焼失しており、後に神林地に再建・遷座し宅宮大明神と改称されたとされています。

河野家の神主としての奉仕はここに始まったと思われ、以後十四代続いています。

●最古・最高の「五七の桐紋」

ここで宅宮神社のことをもう少し詳しくご紹介しましょう。宅宮神社では貞観十六（八七四）年に従五位下の位階を賜っていますが、この時、五七の桐の神紋の使用を下付されました。

五七《ごしち》の桐紋は元々天皇家の紋章で、菊紋よりも四百年近く伝統が長いといわれています。五七の桐紋は日本政府の紋章として用いられています。

宅宮神社の拝殿には、三人がかりでやっと抱えきれる大きな提灯があります。その提灯にも、神社の他の調度品にも五七の桐が描かれておりました。

●宅宮神社境内散策

清々しい境内を散策してみましょう。

樹齢千五百年以上と思われる「両根相結んだ大きな夫婦杉の樹根」が保存展示されていました。昭和三十三（一九五八）年に落雷があり、残念ながら切り倒されましたが、一部は拝殿の再建の為のご用材になり、社殿をお守りしています。

徳島の山野には古代から薬草がたくさんあったそうですが、境内の一角に身近な薬草が植えられており、それぞれの効用が看板に紹介されています。「境内に祀られている摂社」があります。

大日孁尊《おおひるめのみこと》（天照大御神）、月読尊《つくよみのみこと》をお祀りした朝宮神社、天神七代、地神五代をお祀りした十二社神社の一角と市杵島姫命《いちきしまひめのみこと》をお祀りした厳島神社です。

「境内の井戸」は古代より名水がこんこんと湧いていましたが、約六十年前に境内で遊ぶ子供たちに危険が及んではとの配慮で約三トンの大岩にて塞ぎ、今日に至っていました。しかし県内外から御神水を求めて来られる方もあることから、二〇二二（令和四）年十一月に井戸は往時のとおりに復元されました。

「力の泉」と呼ばれるこの井戸は、時折地下から噴き出すのが見られ、成分的にも名水で、飲用にも適しており本当においしいのです。

●コロナウイルスをめぐる天の警告

宅宮神社の鳥居をくぐると右側に形の良い大きなしめ縄がかかった岩があり、頂天近くから下に向けてぱっくりと割れています。ぱっくり割れた後に「はやり病」の国難に遭うというお告げがあり、平安時代と江戸時代に、はやり病の大災難があった時にもその警告があったそうですが、令和元（二〇一九）年十月にも岩のてっぺんが大きく割れて、大騒動になりました。

新型コロナウイルスが世界的なパンデミックになったのは翌春からですが、その後の調査で令和元年十二月に武漢で最初のコロナ患者が発生したことが分かっています。今回はそれを察知した天の警告だったのでしょうか。

宮司さんは、天孫文字で書かれた疫病退治のお札を造り、広く配布されたそうです。私がお邪魔した日はまだコロナは終息しておらず、私は三度目の予防接種をしての徳島訪問でした。

医学博士でもある宮司さんに、コロナ禍の今後についてお伺いしますと、

「コロナウイルスは変異するごとに毒性が弱くなっており、遠からず騒動は終息するでしょう」と、お話しくださいました。

境内に「コロナウイルス感染症流行と宅宮神社における経緯」という看板がありましたので、その内容をご紹介します。

令和元年十月　鳥居北横の大岩が真っ二つに割れる
　十二月　大祓式での託宣（お告げ）「はやり病の国難あり」
二年一月　中国の武漢でコロナウイルスが流行、
　以後日本でも大流行が始まる
五月　護符の頒布（天孫文字で書かれた護符が前回配布されたのは二百数十年前のことになり

ます）

●「ひょうたん丘」の探索

現在の宅宮神社の南へ五百メートルぐらい離れた山間《やまあい》に、「ひょうたん丘」と呼ばれる小高い丘があり、頂上には古墳があります。この「ひょうたん」という言葉に私は反応しました。ひょうたんは海人族のシンボルだからです。

（ひょっとしたらここは壹與女王のゆかりの地ではないだろうか）

丘の入り口付近に昔は大きな石の門があり、「大門《だいもん》」と呼ばれており、今でも付近には「大門」という苗字のお宅があります。ご近所の奥さんに案内していただいて、「大門さん」のお宅をお訪ねしました。宅宮神社の氏子さんらしく、懇《ねんご》ろに道案内をしてくださいました。

お宅の脇の道を山に向かって上ると、坂道の上に二百～三百坪ほどの平らな土地があり、畑が作られ野菜が植えられていました。

その畑の奥、丘の麓に「意富門麻比売神社跡地」とかかれた石碑がありました。その昔、豊玉比売が意富門麻比売をお祀りした大屋敷があり、中世にここから現在の社地に移動し、名前を「宅宮神社」と改めたそうです。

この中腹の土地には何か大切な歴史があったことは確かです。田畑を潤す水源があった記録もあります。私も大昔ここに豊玉比売が大屋敷を造り意富門麻比売をお祀りしていたのではないかと想像しました。宅宮神社には、豊玉比売（壹與）の数代前のご先祖様、大苫邊尊と意富門麻比売がお祀りされています。

丘の麓の工事の際、古代の住居跡などがありましたが、調査されないまま学校建設が進んでしまったようですが、意富門麻比売神社は、現在の小学校の校庭の辺りまで境内になっていたそうです。かつてここで氏子さんたちが交流したり、子供たちの遊び場になったり「神踊り」が奉納されていたのではないでしょうか。

●宅宮神社の伝統神事「神踊り」

宅宮神社には千年以上前から「神踊り」が伝わっています。平安時代末期に始まったとされ、もともとはひょうたん丘の地に祀られた意富門麻比売神社への奉納の神事だったそうです。日の丸の扇を持ち、歌と太鼓に合わせて「五穀豊穣・悪病退散」を願う踊りです。

私は何としてもこの「神踊り」を見たいと思いました。私の想像が正しければ、そこに必ず卑弥呼女王と、壹與女王の痕跡が残されているはずです。しかし、コロナ禍の二年間は無観客

で開催され、ようやく念願がかなったのは令和四（二〇二二）年の夏でした。

●令和四年、徳島で迎えた「終戦記念日」

「神踊り」は八月に催されます。私は塩坂さん達と、前日の十四日に徳島駅ビルのホテルに泊まりました。

徳島市は敗戦の年、大東亜戦争末期の一九四五年七月四日未明、大空襲がありました。徳島市の空をＢ29が覆う空襲でした。同年六月一日から七月二十四日までの度重なる空襲で故郷を焼き尽くしました。新聞に城山だけが残った写真が出ていましたが本当に心が痛みました。

翌十五日は終戦記念日です。朝のテレビニュースで靖国神社からの中継をしていました。コロナ禍の中、マスクをした人々が大勢参列しています。私はニュースを見ながら、満州での悲劇を思い出しました。

父は終戦間際の五月十五日、当時住んでいた満州撫順市で召集されました。ソ連が不可侵条約を破り、八月九日に北方の国境を越えて侵攻しました。日本軍にはすでに戦う武器がなく、なす術もありませんでした。ソ連は民間人も含めて六万五千人を捕虜として連行し、過酷な強

制労働をさせました。ロシアの属国として参戦したモンゴルへも、兵隊や民間人を含め一万六千人余の人が連行されました。

昭和二十二（一九四七）年二月、待ちわびた父は帰らず、戦病死の「公報」が届きました。父はモンゴルへ連行され、極寒の凍土で食料は一日二回、黒パン一枚という過酷なものでした。奴隷的な強制労働で二千人余が死亡しました。父も仲間たちと共に靖国神社に眠っています。阿波徳島の地で父方の祖父母や母方の祖父母を思い出し、父の死を思い、阿波がルーツの亡夫を思い、血のつながりの深さを改めて感じた朝でした。宅宮神社とのご縁も、先祖の後押しだと感じずにはいられませんでした。

私はこの「神踊り」神事の日、晴れの身支度を整えました。着物は立絽の織で抹茶色の訪問着に、徳島の麻織りの帯を締めました。しっとりとした藍色で山脈に赤とんぼが群れています。千年以上踊り継がれている神事へ伺う心祝いのつもりでした。

●晴天の中見事に開催された「神踊り」

令和四年の「神踊り」は、手指の消毒とマスクの着用などの規則を守り、時間短縮の上、晴天の中見事に開催されました。上八万町の十二地区が輪番に分担して「神踊り」を奉納してい

ますが、当番地区の皆様は一カ月以上かけて老若男女が一丸となり、踊りや太鼓を練習します。大きな榊《さかき》の木の枝に鏡や剣を飾りつけた「神籬《ひもろぎ》」を、境内の真ん中に立てます。その周りを子供が囲んで太鼓を打ち、さらにその周りを大人たちが円陣を組んで踊ります。

神社に残る文書によると「毎年七月十六日ハ特別神事トシテ氏子各郷交番ニ神踊ヲ為ス……此ノ踊ノ元始は中古ヨリト伝ウ」とあります。

神踊りは古来、「馬組」という組織を基本単位として行われてきました。馬組の区分は、各地区で行われる祭祀の基本単位として現在も機能しており、十二の馬組があります。この組織が古《いにしえ》より確固として守られてきたために、貴重な郷土の芸能としてこの神踊りが継承されてきたのです。踊りの練習や、笠や飾りの作成などの作業を多くの氏子が一緒に行うことで、会話がはずみ、互いの理解が深まり、地区の連帯も強くなったことでしょう。

踊りの歌は「御神踊」「桜踊り」「いずも踊り」「つばくろ踊り」など十二種類が伝っており、かつては全ての曲を四時間余かけて踊っていたようですが、現在は七、八題が踊られています。

装束は一貫した伝承の形で、頭には竹と紙で作った美しい手

製の花笠をかぶり、お揃いの浴衣を着て角帯をきりりと締めます。足元は白足袋、白の鼻緒の草履をはいた出で立ちで、手には日の丸の扇子を持って、太鼓と踊り歌に合わせて優雅に踊ります。

扇に古は水銀朱で赤く日《ひ》出《いず》る国を表す「日の丸」が描かれていたようです。水銀朱は極めて強い霊力を持つ赤であり、貴重で高価なものです。阿波徳島では弥生時代から生産され、国を発展させてきました。

丸々ひと月をかけ女性たちが伝統にのっとり、お揃いの色紙で飾りをつける花笠は独特です。五色の御幣を付け踊り歌に出てくるつばくろや桜、竹の絵、天孫文字などを書いたり染めたりしていきます。そして縁には雨乞いの願いを込めて色紙を細かく切った飾りをつけます。

●「いずも踊り」に隠された古代史の秘密

ではここで、「いずも踊り」の歌詞をご紹介しましょう。この「いずも踊り」は毎年必ず愛情込めて歌い踊り継がれています。なお、「神踊り」の歌本は各郷にそれぞれ伝わっていますが、昔は口伝であったためか歌詞は多少異なります。「いずも」についても伝承されている数種類の歌本には、「伊豆毛」などの表記もあります。

藤島大千画伯・画

一、いずもの国の伯母御の宗女　今年十三ならせます
小口は一字と　おたしなみ　いずもの踊りはひと踊りや　ひと

二、馬をば何と好ませた　紅梅月毛に　赤の鞍やと好ませた
いずもの踊りはひと踊りや　ひと

三、具足は何と好ませた　肩七段は唐紅よと
下六段は紫色よと　綾のはずしで　十三所好ませた
いずもの踊りはひと踊りや　ひと

四、兜は何と好ませた　八方白の兜に　唐の赤熊を付けさせた
いずもの踊りはひと踊りや　ひと

五、槍をば何と好ませた　本銀に中黄金　末は黄金の蛭巻
いずもの踊りはひと踊りや　ひと

●十三歳の壹與女王の晴れ姿

歌詞の内容を具体的に見ていきましょう。表面的には、十三歳になる跡継ぎの少女が、鎧兜に身を固め馬に乗り、槍を手にした晴れ姿の描写です。なお、「いずも」とは徳島の吉野川河口に面した地方の名前で、「伊豆毛」とも書きました。

しかしこの歌詞にはもう一つの解釈があります。「宗女」とは血のつながった女の子のことで、壹與女王のことを唄ったのだというのです。「魏志倭人伝」には「宗女壹與、十三なるを立て」という記述があります。

そうすると、伯母御は天照大御神（卑弥呼）にあたります。「ひょうたん丘」の中腹に豊玉比売の屋敷跡があったという言い伝えとも、ぴったり一致します。

ではなぜ壹與女王が鎧兜に身を固めているのでしょうか。「魏志倭人伝」には、女王卑弥呼の死後男王が立つと、再び国が乱れ、十三歳の壹與が女王になってようやく平和になったとあります。この唄は壹與の好みの色遣いで作られた出で立ちで、大好きな馬に乗った晴れ姿の描写ではないでしょうか。

●宅宮神社の天孫文字

ちなみに「天孫文字®」とは、宅宮神社に古くから伝わる古代文字のことです。江戸時代に近隣に貸し出したと伝えられていますが特別なものとして命名しました。日本に漢字が伝わる以前、天照大御神の昔から存在し弥生時代にほぼ完成し活用されていた文字だと思われます。

素人の集まりで未完成ですが宮司さんのご指導で、これまでの研究をまとめてみました。

天神七代のうち、五代目の大苫邊尊を祀る式内社・宅宮神社（旧称：意冨門麻比売神社）に伝わる天孫文字があります。

中国から漢字が伝わる遥か以前から、天孫族は文字を持ち自在に意思の疎通が出来ていたと考えられます。

そして、古文書に残る天孫文字の主な部分をいつの時代か版木に残してあります。未来に天孫文字のありのままの姿を留めた叡智を感ぜずにはいられませんでした（版木には、元文五年・神主大學守河野通正「諸人に神代の文字を知らしめる為に板行し世に広めるもの也」と記されています）

五世紀後半から六世紀にかけ中国を経由して仏教の伝来から、文字文化が入ってきましても発音、話し言葉は元のままで、表記用の漢字・漢文だけは一部採用しながら、日本式漢字を編み出し、仮名文字や、平仮名、片仮名文字など、日本流に作り直し導入してきたものです。

古代天孫文字は調べれば調べるほど個性があり素晴らしく思います。しかし、天孫文字が全て秘蔵されていたとは考えられません。

江戸時代に近隣の神社から乞われ研究の参考にしたとの話が伝わっています。これらから派生し、または各部族の中で発達した文字も多くありました。

私は他の古代文字を数多く目にすることがありました。日本には立派な文字文化があったことを、民族の誇りにしたいと願っています。

今回「宅宮神社の天孫文字」の整理をお手伝いしました。

すでに河野宮司が長年かけて研究し、ほとんど読みとかれておられました。私たちは試行錯誤の末、やはり五十音表で整理にあたりました。

一音にいくつも当てはまる「天孫文字」があります。

私はこの事実に、多機能性を感じ、感動しました。鼻濁音や破裂音、独特の尊敬語や命令の意図など、使い勝手が良いように構築出来ているのではないかと推察いたします。

阿波から万葉集に多くの歌が残されています。これは天孫文字に言霊の豊かな文化・文明の

先見性を見る思いがいたします。この地には、漢字が伝わる遥か以前から神様に祈る「神踊り」が誕生しています。宅宮神社の旧鎮座地で本屋敷あるいは堂と呼ばれていたひょうたん丘の中腹に大きな館が作られ、その麓の広場で唱えられた祈りの言葉、神踊りに伝わる笠にも天孫文字が使われています。そうして、千年以上前、平安時代初めごろから歌の形になり、リズムが付いて今の姿になったと考えられます。

神踊りは神社の建造文化が入る以前から天孫文字が使われたか、口伝で歌い継がれ、文字が出来るようになり現在のように漢字交じりに整えられたのか、いくつか想像できますが正解は分かりません。

長い年月の結晶「神踊り」には十二種類が伝承されています。「神踊り」は徳島県指定「無形民俗文化財」・徳島市指定「重要習俗技芸」に指定されています。

「神踊り」については別項でご紹介いたしております。

早い時代から邪馬壹国・女王国には文字文化が発達し、神武天皇の御代が盤石なものになった一つの要素だったと思わせられる天孫文字の迫力を感じます。

●天孫文字は経済、政治、宗教等文化の礎の原動力

私は、三年半をかけ三十回近く徳島・邪馬壹国に足を運びました。知れば知るほど想定できない素晴らしさを発見します。

もちろん女王たちは魏で使われている文字を速刻学び銅鏡の文字もちゃんと読み書き出来たはずです。

宅宮神社に伝わる天孫文字がなく、各地の部族たちが中国から文字が入ってくるのを待っていたら阿波の経済も政治も文化も魏と渡り合えたでしょうか。

宅宮神社にはまだ数多くの未解明の古文書が残っています。

私たちが拝見できたのはほんの一部です。紙は湿気や化学変化、カビなどで塊になっているものもあって、専門家にゆだねられる機会が得られることを待つものです。資金や専門家や科学の力が集結したらどんな事実があるか、国宝級があるかもしれないと、この度初めて発信するものです。


私たちは全くの素人です。学者でも考古学の専門家でもありません。しかし、日本の国を思い心と知恵を尽くす気概は力強いです。

ボランティアとして、この不安定な時代の中で、「説」ではない自分たちのルーツ探しが根本の動機です。

ことに私は祖父の遺言のような言霊を授かりました。

「我が家の祖先は天皇にお仕えした部族だ」と。

どこまで解明できるか、どこまで今の世相に受け入れられるか、本やニュースで毎日のように、説の論調にもみくちゃにされているところです。

天孫文字に関わらせていただいている作業には最大細心の注意を払っています。

●古代からの声が聞こえる

一音に同じような、似た文字が複数あるものがあります。

私たちはどんなに似ていても、少しでも違いがあれば、一字も捨てることはしません。これには震えが来ます。私たちが今ここでこの文字一つを捨てたら、地球上から大きな文化の一片を無くすことになります。遺跡の土器や鏡などの破片の伝承を無くしてしまうに等しいと思うのです。私たちが採集した天孫文字の五十音表に、今日現在「け」がありません。

限られた字数の元の文には使われていなかったのか、解読不能の部分があるために見つからないのか、その音そのものが使われなかったのか、これから専門家の研究にゆだねたいと思います。

天孫文字® 一覧表

研究中未完

注・「お」と「を」「い」と「ゐ」「へ」と「ゑ」

これまでの一般にでている古代文字と、一番違うところは、一音に複数の文字を持っているということです。

同じ音でも、どの文字を使うかによって、より多くの意思や内容を伝達できていたと考えられます。

私たちは百十五ほどの文字を採集しています。私たちは志高い素人集団です。志と、大いなる好奇心をもって作業に当たっています。

これらの天孫文字を見ると、現在世間には古代文字が五十音五十文字で発表されていますが、それと比べても、天孫文字は機能性が優れているのではないかと感嘆しているのですが、いかがなもので

しょう。

一音につき、それぞれの形の違いは「意図」をもっているのではないか、今では使われない深い言い回しを表しているのではないか……などと興味が湧きます。

私は今より、もっと言霊が文字に反映されていたように思えて仕方ありません。

●日本の文字の起源は古代に遡る

現在、宅宮神社が天神五代目の大苫邊尊を祀ることは、天照大御神のお父様が伊邪那岐命です。それよりもさらに以前に原型があったはずなので、この天孫文字文化の古さを物語っているのではないでしょうか。

私は若い学者たちの感覚で是非、宅宮神社の天孫文字の研究を正しく進めていただきたいです。きっと新しい「過去」が飛び出してくることでしょう。

そして、神社に保存されている古文書が解読出来たら、私たちの知恵や想像を超えた神話ではない、世界に誇れる日本の歴史や文化が解明も出来るでしょう。

中国からの文化が入る以前からあった邪馬壹国の歴史が、もっと分かるかもしれません。期待が膨らみます。

神社に伝わる古書の、古い紙は気温や湿気などで劣化が進みます。高度な処理の必要に迫られているのです。

第九章　失われた『阿波国風土記』の謎

●幻の『阿波国風土記』との出会い

昔、恩師橋本祐子先生は「ギブ・アンド・テイク」という言葉に対して、「ボランティアは違うの、ギブしてギブしてギブするの」と、おっしゃいました。

それに対するテイクはいわゆる見返りではありませんし、形あるものとも限りません。志や使命、ひょっとしたら宇宙からのテレパシーかもしれません。

「それをキャッチするのはあなたたちよ！」

先生のそのお声が今でもよみがえります。

阿波国の秘められた歴史との出逢いこそ、私がテイクする大きな使命だったのかもしれません。思えば私が徳島訪問を始めてから、奇跡としか言えない不思議な出会いの連続でした。

『阿波国風土記』の発見もまさにそうでした。

失われたと思われていた『阿波国風土記』が、実は筑波大学附属図書館にあるらしいと私に連絡してくださったのは、前章でご紹介した宅宮神社の河野宮司でした。それはまるで天の声のように響きました。

●朝廷の命令で編纂された地方の記録

ご存じの方も多いと思いますが、「風土記」とは奈良時代の初めに朝廷の命令で編纂された、諸国の地誌のことです。朝廷が報告させた内容は、一．郡郷の名、二．産物、三．土地の肥沃の状態、四．地名の起源、五．伝えられている旧聞異事だったようです。

この「古風土記」は地方史の宝の山と言っていいのですが、千年以上経つうちに大部分が散逸してしまいました。現在ほぼ完全な形で残っているのは『出雲国風土記』だけです。部分的に残っているのが『播磨国風土記』『肥前国風土記』『常陸国風土記』『豊後国風土記』です。また逸文といって、他の書物に引用されることで、内容が伝わっているものがあります。『阿波国風土記』はこれに該当するようです。

例えば鎌倉時代中期の仙覚による『万葉集註釈』には、つぎのような『阿波国風土記』からの引用があります。「空から巨大な山が阿波国に降ってきて、アメノモト山になった。その山が砕けて大和《おおやまと》国に落ちたのが天香具山《アマノカグヤマ》である」

つまり阿波国が元でそこから大和国に移ったということですが、これは単なる山の話だとは思えません。王権の中心が阿波から大和に移ったことを象徴しているのではないでしょうか。

参考資料　阿波國風土記竝阿波國風土記編輯雑纂　五冊

阿波國風土記　巻之一

久富憲明謹撰

麻殖郡　部

抑《そもそも》　此阿波の国麻殖郡てふ《という》郡名の起源たるや　天照太神
御弟神素戔鳴尊《すさのおのみこと》溺汚二於新嘗祭宮一又属一　太神自織二神服一
剥二天斑駒一投二諸室中ニ一　大日孁貴驚動入二天天石窟一閉レ戸幽居
焉《いずくんぞ》　六合之中、不レ辨二昼夜一、於レ是群神會二天安河一、相謀聚二長鳴
雞一掘一取二香山五百眞阪樹懸ルニ以瓊鏡曁靑幣・白幣功績のいと
高き神等のそが中に炳然《いちじるしき》　天日鷲命　はた　神武天皇の
御時大和国長髄彦は、背王命に依て御東征に功績あり　七
此写御同名の御神は今の世にも蒼生の家にも家勢に勲功ありし者の
名をバ、後世の子孫受次で名乗あるが如きか
天照太神の御時と神武帝之御時と同神同名なるは、如斯ならんかと思けらしぬ此功績をもて本郡に封紙

上禮たもひ、此麻殖郡に鎮座したまふは、神傳国史に詳なれば干茲畧しぬ。此麻殖郡は根元延喜式、又和名類聚抄等にも四郷に分れ、呉島久礼之萬　忌部伊無倍　川嶋加波之萬　射立伊多知

右の如く見へたれども、今の世には麻殖郡村数、上浦　山路
森藤　飯尾　中嶋　敷地　山田　牛乃嶋　麻殖塚　喜来
鴨島　上下嶋　内原　西麻殖　宮乃嶋　川島　桑村　東山
学村古名吉岡村ト云シヤ　児島古名小島又松島ト云シ也　三ッ嶋　山崎　種野　別枝
三ツ木　川井　木屋平　瀬詰　東川田　西川田　川田山
桁山　中村山　都合三拾三村　此内瀬詰村の枝村に湯立名と云フ地有。此郷名射立の

射と湯との五音の誤りなりと、古き言傳へあり。此射立一ッの村名なるや○

高越神社の西に拝村と云フ村あり。此村今は美馬郡に属す乍根元此は麻殖郡の内なりと云フ。今も川田村八幡神社の産子にて祭礼の神輿は此村の人民會世ざれば、神霊の輿移これなし。また高越の社も此村同断の氏神なりすら此二村を添て三拾五ヶ村なりしと思ひけらしぬ。然るにいつの世にかは三拾五村とあるを見及たり。猶高貴の蔵書に附て見やと拝村も、美馬郡の内へ属しぬるにや。中昔の古き写本に麻殖郡

翻刻　杉原丈夫

●明治政府によって消された神話？

この『阿波国風土記』が失われたのは遠い昔ではありません。一説によれば、徳島藩に伝えられていたのを維新後に世に出そうと、藩主の蜂須賀侯は「阿波国風土記編輯《へんしゅう》御用掛」を組織し、書写された後の時代の資料なども加筆して編集をしていく方針だったのではないでしょうか？

しかし、明治四（一八七一）年の廃藩置県により徳島藩は消滅してしまいます。そのため「編輯御用掛」は廃止され、資料も失われてしまいました。それ以来『阿波国風土記』の行方は分かりません。焼かれたという説さえあるほどです。

岩利大閑先生が『道は阿波より始まる』の中で、この辺の事情に触れておられます。

「幕末にかけ阿波国内で吹き上げてきた日本史に対する疑問、幕府製『大日本史』、宣長『古事記伝』に対する不信感が急速に芽生えてきました」

水戸光圀が編纂を命じた『大日本史』と本居宣長の『古事記伝』は、今に至るも名著とされていますが、それが阿波国内で伝えられている歴史とはまったく違っていたというのです。

そこで小《こ》杉《すぎ》榲邨《すぎむら》という方が登場します。この方は幕末に佐幕一辺倒だった徳島藩の中で勤王論を唱えたために、幽閉されてしまいます。維新後、世に出て県庁の役人をしながら、『阿波古風土記考証』という書物を世に出そうとしました。「明治新政府が、政府の基礎を固めるためにも明治天皇を神の如き存在にする必要もあったと思われますが、干渉してきました。この『阿波古風土記考証』『阿波國風土記』とともに現在に至るも行方不明……」

と、岩利先生はおっしゃっています。

明治政府にとって何か都合の悪いことが書かれていたのでしょうか。この話を聞いた時、私は小学生の時の教科書の「四国が真っ白な神武東征図」を思い出しました。『阿波国風土記』には、これまでの正史をくつがえす内容が記されているのは間違いないのでしょう。

●なんと！『阿波国風土記』が筑波大附属図書館にあった！

河野宮司からお電話をいただきました。

その日は日曜日でした。「御参りにおいでくださった方がふと筑波大学に『阿波国風土記』がある」と立ち話が聞こえたとのことでした。本当なら神様の天の声です。

私は翌朝になるのを待ちかねて、筑波大附属図書館に電話をしました。応対くださった方は大久保明美様、電子図書初体験の私の所望に対してお忙しい中、丁寧に手ほどきしてくださいました。

まず、パソコンを開き図書館にアクセスしました。パソコンの中の分厚い『阿波国風土記』の表紙を開きました。ありました！　胸がどきどきしました。いかにも年月を経たという感じの古い和綴じの本です。本当に『阿波国風土記』がありました。それは古い和書で現在電子データが公開されており、自宅にいながら直接中身を確認できるとのことでした。

永い眠りから覚めたように表紙から裏表紙まですべて写真にとってあり、パソコンの操作でページをめくることも、読みにくい文字を拡大することも出来ます。嬉しさに指が震えました。

私は宅宮神社の河野宮司さんに大久保さんのご指導を、電話で受け売り伝授で操作は見事にＯＫ！

翌朝のこと「創建時からの『意富門麻比売《おおとまひめ》神社』、卑弥呼こと天照大御神を祀る阿波国一宮の『天石門別八倉比売《あめのいわとわけやくらひめ》神社』、壹與こと豊玉比売を祀っていた「天石門別豊玉比売《あめのいわとわけとよたまひめ》神社」を見つけましたよ！」とご連絡いただきました。

この本は模写かもしれませんが奈良時代に編纂された「阿波国風土記」の記録の中から私たち庶民が目に出来た超貴重な情報だと思われます。

私は豊玉比売の神社がとても気になりました。ありかが蜂須賀公の築城前は「謂山」と呼ばれていたのですが、この写本は「謂山城」とあるので築城後の書写でしょうか？　蜂須賀正勝（小六）は、天正十三（一五八五）年の四国征伐の後に阿波国を与えられました。

●矢も楯もたまらず図書館へ

早速図書館の大久保様に所望して『阿波国風土記』を見せていただく予約をしました。

私は茨城県筑西市（旧・下館市）川島が郷です。登校の日は東の方向に筑波山を眺めながら通いました。折々筑波山に何回登ったでしょう。数え切れません。こんな筑波に『阿波国風土記』があったなんてやっぱり奇跡というほかありません。

いよいよ図書館を訪ねました。別室で、本と対峙できました。ここを訪ねて現物を見せていただいたのは徳島から上京した島勝先生と私は、不思議な喜びでいっぱいでした。このお宝の存在を知っている方もいるかもしれませんが。

日本の歴史を書き替える内容が含まれている可能性がありそうです。

……でも、まだ可能性です。これが小杉榲邨先生や岩利大閑先生のおっしゃる『阿波国風土

記』が見つかったことをまず喜びたいです。

ところが古文書です。読んでみたい文章は全然読めません。

しかし、これも奇跡的なご縁で庄内酒田古文書館館長の杉原丈夫先生と出会い、翻刻と現代語訳をお願い出来たのです。杉原先生は古文書解読の講座をお持ちで、古文書の先生として希少な方なので引っ張りだこなのです。その傍らに作業を進めてくださっています。この中の文字はいわゆる古文書といわれる江戸時代の漢字ではなくそれ以前の超古文書になるそうです。

杉原先生が危惧なさっているのは超古文書を読める方がどんどん黄泉の人になられ、もしかしたら日本中で十指に満たないかもしれないそうです。本格的な研究は時を急がなければならない状況が分かりました。

岩利先生に『阿波国風土記』のこんな状況をお伝えしたい衝撃にかられました。『阿波国風土記』がこれからの古代史研究で開陳されますことを心から願っています。私にはどんなことが出来るか、多くの仲間と新しい古代へ旅をしたいものです。

●「東京師範学校図書印」が示すヒストリー

この古写本の来歴について調べましたのでお話ししておきましょう。第一巻の奥付に薄い朱

色の押印があります。「東京師範学校図書印」と読めました。東京師範学校は文部省によって明治五（一八七二）年に設立された、日本で最初の小学校教師養成のための学校です。これを皮切りに全国各地に官立の師範学校が設置され、東京師範学校はいわばモデル校としての役割を果たしました。

明治十九（一八八六）年四月の師範学校令により、東京高等師範学校と改められました。小学校教員を養成する師範学校に対し、高等師範では師範学校の校長や教員、中学校教員を養成しました。明治三十五（一九〇二）年に広島高等師範が設立されるまで、日本で唯一の高等師範でした。その後も高等師範は東京と広島だけであり、この二校が教育界で別格でした。

大東亜戦争後の昭和二十四（一九四九）年、新学制の発布にともない、東京高等師範を母体の一つとして東京教育大学が誕生しました。さらに昭和五十三（一九七八）年、キャンパスを茨城県に移転して現在の筑波大学となりました。

つまりこの本は東京師範学校から図書館の書庫に眠り続けていた貴重な蔵書なのです。

●秋山恒太郎氏による収集と寄贈

では、どのようにしてこの本が、東京師範学校の蔵書となったのでしょうか。それを示す押印が全五巻のうちの第二巻にありました。

「献本　秋山《あきやま》恒《つね》太郎《たろう》」いったい、どういう人物なのでしょうか。調べてみると、それなりの方でした。

秋山恒太郎氏は越後長岡藩の出身で、藩校教師を務める家柄に生まれました。藩主の命で江戸に遊学するなど、将来を期待されていたようです。しかし戊辰戦争で、出身の越後長岡藩が幕府方に付いて戦い、敗北。いわば賊軍になったわけで、これは秋山氏の人生にも影を落としたようです。

維新後は福沢諭吉の慶應義塾や伊予松山藩の藩校で教鞭を執っていましたが、東京に戻って文部省に出仕し、翻訳業務に従事して課長まで務めます。文部省を退官後は、師範学校、中学校の校長として北は青森、西は長崎に至るまで全国各地に赴任します。それも問題が起こった後の立て直しを任されることが多かったようで、華やかな舞台とは無縁でした。

東京師範学校の校長をしていたのは、明治十年から一年半ほどです。

ちょうどこの時、東京師範では二万円（現在の数億円）という巨額を支出して、師範学校の図書館用の蔵書の購入を計画していました。蔵書家としても評価されていた秋山恒太郎氏は、これに大いに尽力したようです。おそらく、その時に蒐集《しゅうしゅう》したものでしょう。

●五巻目は江戸時代の古写本で神社に所蔵？

では、秋山恒太郎氏が蒐集したこの本の来歴はどのようなものなのでしょうか。五巻にこのような記述がありました。

「右置文麻植郡川田村神主早雲兵部所蔵」

「天保十年三月木内茂臣が写せし本をもて校合」

どうやらこの本は、麻植《おえ》郡川田村（現在の吉野川市）の神主の「早雲兵部」が所蔵しており、天保十（一八三九）年三月に「木内茂臣」が写した写本と照らし合わせて確認したということのようです。

巻一のはじめに「久富憲明謹撰」という記載があります。この方は明治初期の麻植郡の儒学者で考古学者だった久富憲明《ひさとみのりあき》氏のことです。蜂須賀藩で明治初期編纂作業に当たり、この本が少しでも易しく読めるよう、送り仮名を入れるなどの工夫をされたようです。

また各所に朱による書き込みがあります。「風土記編集掛」という印もあり、とくに第四巻は編集雑記帳のような様相です。これは前述した徳島藩による編集作業の跡だと思われます。

●傍系ゆえに気付いた価値

あくまで推測に過ぎませんが、五巻目はもとは阿波国内の神社に代々伝えられていた書物だったと思われ、江戸時代の写本であること、三巻は別で秋山恒太郎氏が合体させて蒐集したのか、私の仲間の皆さんは推理に当たっています。私は外側の覆いが擦り切れているところを見ると、これは「はて？　どんなヒストリーがあるのか？」秋山恒太郎氏の来歴ははっきりしているのですが。

奈良時代の古風土記をどれだけ伝えるものかは、今後の研究の成果を待ちたいと思います。しかし、岩利先生がおっしゃる「幕末にかけ阿波国内で吹き上げてきた日本史に対する疑問……」を代表する見解であることは間違いないのではないでしょうか。

徳島藩主の蜂須賀家はもと豊臣秀吉に仕えた蜂須賀正勝に始まり、秀吉の四国遠征の論功行賞で阿波国が与えられました。いわば外様大名だったわけです。その徳島藩が、水戸光圀の『大日本史』の歴史観を真っ向から否定する『阿波国風土記』の出版を考えていたのも興味深

いことです。

それにしても、よくぞこの本が残っていたことと思います。秋山恒太郎氏が東京師範学校に寄贈したことで、いわばタイムカプセルに封印されたような状態になったのでしょう。書誌目録が紙で管理されていた時代には、その存在が外部に知られることはありませんでした。たまたま学校の教員や生徒で手に取った人がいても、その価値に気付くことはなかったのでしょう。

しかし逆に言えば、なぜ秋山恒太郎氏はこの本の価値に気付いたのでしょうか。その理由は想像するしかありません。秋山氏が越後長岡藩という、明治政府では非主流の出身だったことと関係があるように思います。自らが傍系の悲哀を体験していたからこそ、当時の正史とは異なる異端的な歴史観に興味を持ったのではないでしょうか。

そのような経緯を知るにつけても、私の使命感はいやがおうにも昂《たかぶ》らざるを得ませんでした。

●阿波を初めて統一した神武天皇

岩利大閑先生のお話では、小杉榲邨先生が『阿波国風土記』『阿波古風土記考証』を出版しようとした時、明治新政府が干渉して出版が中止になり、両書はその後行方不明になったということでした。

では小杉榲邨は一体どこが明治政府の逆鱗に触れたのでしょうか。実はそれは岩利大閑先生の『道は阿波より始まる』「その二 神武天皇考」を読めばはっきりと分かります。岩利先生は実際に現地を歩かれ、詳細に調査をされたうえでこの考察を書かれました。

その概略をご紹介しましょう。徳島県の八割は山地で、剣山系から紀伊水道に注ぐ吉野川流域だけが、かろうじて耕作が可能な土地です。吉野川は水運の中心にもなっていましたから、吉野川流域を制する者が、阿波を制することになるのです。

古代、この吉野川の南側を支配していたのが天孫族・神武でした。一方北側に陣取っていたのが饒速日命《にぎはやひのみこと》。この両者が吉野川流域の覇権を巡って対立をしていました。神武軍に久米族が加担したことで、この均衡が破れました。神武軍は吉野川を渡って北岸の饒速日命の軍を破り、阿波を統一して初代天皇に即位しました。

その神武天皇即位の地は、徳島県阿波市土成町土成に鎮座していた樫原《かしはら》神社です。奈良の橿原神社ではありません。万葉仮名で書かれた「カシハラ」が読めず、大和国の橿原だろうと後世に否定されたのだそうです。

この徳島県の樫原神社は、なぜか明治時代に取り壊されたそうです。

現在の徳島県の樫原神社は、神武天皇を崇めた村人たちが再建したものだということです。

●明治政府により作られた歴史

明治新政府は天皇を神格化し、その権威を統治のために徹底的に利用しました。それは江戸時代に傍系だった薩摩藩と長州藩が、権謀術数と戦争での勝利によって権力を握ったからだったようです。

維新直後の明治政府の指導者たちのほとんどは、維新前は中級の藩士でした。日本の国全体を統治するには、その後ろ盾となる権威が必要でした。それが天皇だったのではないでしょうか。

そのような風潮の中で天皇の権威を損なうような研究はご法度で「不敬罪」に問われることさえありました。このような趨勢《すうせい》から考えると、徳島県という片田舎が皇室発祥の地であり、神武は阿波を統一して初代天皇となったなどというのは沽券にかかわる、一大事でとんでもないことに見えたのでしょうか。

●『森信三いのちの言葉』に導かれて

最近私は、『森信三いのちの言葉』（宮下隆二著）という本を愛読して、森信三先生の思想を学んでいます。その中で次の二つの言葉が心に響いています。

「亡国」というのはその国の文化の特色が消えてしまうことであって、なにもその国が砂漠になって誰もいなくなってしまうということではないのです。つまり人間がいても「固有の文化」がなくなってしまうことです。

そもそも現実の世界において真に残るものは真実のみであります。真実のみが人心を動かし人心に残るものである。このことは古今東西にわたる真理でありますが、しかし特に我々大和民族は格別に真実の人を尊ぶのである。

私は祖父の遺した言霊《ことだま》に従って、人生の長い旅を続けてきました。その結果をこのような形で多くの皆様と共有しようとしたのは、まさに真実の歴史を知りたいという思いのためでした。

もちろん、多くのご批判も頂戴することでしょう。それは覚悟の上です。私はただ、森信三先生のお言葉にある、真実を伝える人間でありたいと願うだけです。

●今こそ真実の歴史を

しかし歴史的な資料は資料として、学術的に研究していかねばなりません。いま、私は「我が家のルーツを探せばお仕えしていた生身の人間天皇が見つかるはず」という思いで徳島の見聞を深めてまいりました。

よもや私の本で『阿波国風土記』の存在をご報告できるとは、望外な喜びと責任を感じます。本書が出版されるということは、陳寿が書いた魏志倭人伝の正解が中国の大天才「張衡《ちょうこう》」を知ったことで「邪馬壹国」のありかが判明するという結果になりました。

そして日本最古の「宅宮神社」で河野通宣宮司に天の声のように『阿波国風土記』のありかが伝わりました。見たことがあるという方々がいても活用されていなかったのか、行方知れずでした。こうして私たちの手で永い眠りを覚醒できました。『阿波国風土記』の出現でようやく「真っ白だった四国の地図」に対し冷静な議論が出来る時代になったと思います。時を得たということではないでしょうか？

全巻が国民の前に披露されるのは初めてのことかもしれません。『阿波国風土記』は筑波大学附属図書館のデジタル図書として、世界中に公開されています。この貴重な資料を世に出すために、多くの方のお力添えをいただければと思います。現在一巻の途中まで解読が進んでいる翻刻文の一部を資料として掲載させていただきます。

先に記した森信三先生の言葉「そもそも現実の世界において真に残るものは真実のみであります。真実のみが人心を動かし人心に残るものである」

本書を執筆している令和六年元日、能登の大地震が発生しました。雪の激しい中、多くの犠牲者が出ています。心からご冥福をお祈りいたします。世界のニュースは、いまだにロシアとウクライナの泥沼の戦争が続いており、パレスチナではイスラエルとハマスの軍事衝突により、罪もない多くの民間人、それも赤ん坊や子供の命が失われています。

日本の敗戦と過酷な大陸からの引き揚げを体験している私は、世界中で続けられている戦争の報道に接して、心穏やかではいられません。

そんな時代だからこそ、国の中心になるものについて、私たちは真剣に考えていかねばならないでしょう。日本の伝統や文化を後世に伝えていくことはもちろんですが、とくに歴史は国

にとってアイデンティティーそのものです。真実の歴史に対して背中を向けてはならないと思います。

第十章　旅路の終わり

●「欠史八代」の天皇は阿波にいた?　いたのです

神武天皇は阿波を統一した初代天皇で、その後阿波王朝が東遷して大和朝廷になったという説を唱えるにあたって、避けて通れない問題があります。それが「欠史八代」説です。

簡単に言うと、神武天皇のあとの第二代綏靖《すいぜい》天皇から第九代開化天皇までの八人の天皇は、記紀にほとんど事跡の記載がないので後世の創作に違いない、というものです。

第十代崇神《すじん》天皇がはじめて吉野川の中流域美馬郡《みまぐん》つるぎ町天皇《てんのう》台地（磯城《いき》の水垣宮《みずがきみや》に比定）に遷都した天皇でした。

『日本書紀』には御間城《みまき》入彦《いりひこ》天皇《すめらみこと》の別名「御肇国天皇《ハツクニシラススメラミコト》」が、初代天皇を表すとみられます。『古事記』には御眞木《みまき》入日子《いりひこ》命《みこと》。この御代に疫病起こり人民死に絶え尽きる危機に際し大物主が御夢に顕れ「我を祀れば天下泰平、国家安平である」とのお告げに従い「倭《やまと》大國《おおくに》魂《たま》神《じん》社《じゃ》」（式内社・全国一社：美馬郡美馬町）に大物主と大国主を祀ると天下泰平・人民富栄た。この御代を称えて「初国《はつくに》知《し》らしし御眞木《みまきき》天皇《すめらみこと》」といいます。

これらの記述が「欠史八代」説を補強するとされてきました。

しかし、阿波王朝東遷説が正しいのであれば、神武以降の天皇もすべて阿波にいたことになります。その痕跡はどこに残っているのでしょうか。やはり答えは神社です。

日本人は昔から、歴史上実在した人物を神として祀ってきました。有名なところでは菅原道真・楠木正成がそうですし、豊臣秀吉や徳川家康も神として祀られました。ですから、阿波の神社の中から欠史八代の天皇を祀る神社がないかどうか探せばよいのです。

●阿波に残る欠史八代の痕跡

実はこの欠史八代の神社探しは、すでに地元で調査がされてある程度判明していました。私は島勝伸一先生の案内で、神社を巡りました。これは素晴らしい体験でした！　徳島の青い透き通りそうな空のもと、自然も建造物も人間もまことにオーラを放って輝いていました。また、移動の途中で思わぬ遺跡や神社に巡り合うこともありました。徳島は歴史の宝庫だということがよく分かりました。

詳細については省きますが、第三代　安寧天皇、第五代　孝昭天皇、第七代の孝霊天皇の神社が実在していました。第九代開化天皇の皇后様で崇神天皇の母君伊香色謎命《いかがしこめのみこと》の神社も、阿

波国麻植郡川島町に残っていました。延喜式式内社です。

単なる作り話で、千数百年もの間、神社を祀り続けられるでしょうか？　私は「宅宮神社」にご縁をいただき河野宮司の始祖は第七代孝霊天皇の第三皇子・伊豫皇子なのですからいささかも疑う余地がありませんでした。

今回、第三代　安寧天皇、第五代　孝昭天皇、第七代　孝霊天皇の神社を訪ねることが出来ました。実際に現地に足を運んで実感したことがあります。

訪れてみて実感したのは急速な過疎化です。かつて古代の天皇がおられたころには、豊かで穏やかな暮らしが営まれ、それは比較的最近まで続いていたはずなのです。

安寧天皇神社

ところがこの数十年で急速に人口が流出しました。お話を聞こうにも近くに人影がなく、他の神社と合祀されたとかで建物の中が空っぽになり、連絡先の案内などもない所もありました。これは徳島だけではなく、日本中で起こっている問題の一端です。

●帰りの飛行機で知った大ニュース！

徳島のルーツ探しの旅も回を重ねてきましたが、もう一つ成果がなかった始めの頃のことです。夜七時二十分の飛行機に乗りました。私は座席でひと息つくと、空港の売店で買った新聞を開きました。

日本赤十字社の近衛忠輝名誉社長の写真が目に飛び込んできました。「第二十六回アンリーデュナン紀章授与」とあります（令和三（二〇二一）年十二月二十三日読売新聞朝刊）。昭和三十九（一九六四）年に日本赤十字社に入社以来、半世紀にわたり人道支援の第一線で活躍されてきた功績によるものでした。

これは国際赤十字が個人に授与する最高位の章です。かつて恩師橋本祐子先生がアジアで初めてこの章を受章されました。私たちが「ゴッドマザー」と敬愛していた橋本祐子先生は、青少年赤十字団の仲間の誇りでした。

近衛様には忘れがたい思い出があります。国際ボランティア年にあたる平成十三（二〇〇一）年に、私は著書『風に吹かれて』を神奈川新聞社から上梓していただきました。当時の社長だった近衛様に内容のチェックをお願いしたところ、快く応じていただき、故橋本先生のお写真

もお選びくださいました。しかもご多忙の中、葉書いっぱいにご感想をお書きくださったのです。私にとっては心に沁みるかけがえのないお宝になりました。

このタイミングでこのニュースに接したのは、私にとって奇跡的でした。今回の「ルーツ探し」の旅も本にするつもりでしたが、本当にまとめられるのか暗中模索の時で、近衛社長に原稿チェックのお願いに上がれる日が再び来るのか、確信が持てないでいました。

そんな折のこのニュースは、近衛様と橋本先生が励ましてくださっているように思えました。私はお健やかな近衛様のお姿を拝見しながら、目頭が潤むのを止められませんでした。

●粟野の麻の種が厳重な手立てに守られて宮中へ

令和四（二〇二二）年夏、阿波忌部《いんべ》直系の総帥・令和の大嘗祭で麁服を調達された三木信夫様とお会いする機会をいただきました。

自動車で町から二時間ほど走ると、三ツ木地区の標高の高い奥地に入りました。清々しい山の匂いに包まれ、古代の人々の生活の息吹を感じながら、目の前に広がる畑を眺めました。

「麻を栽培する畑は整地して、獣害防止の柵を設置しました。糸を紡いで機《はた》を織る準備も並行して、皆さんと早くから進めました。」

三木様はおっしゃいました。テレビで拝見した厳粛で晴れやかな儀式の陰では、このような人知れぬご苦労があったのです。

成長が速い麻は何度も間引きをしながら、丈夫な茎を残していきます。三カ月ほどで収穫し、茎の天日干し、煮沸、皮剥ぎなどの工程を経て麻の繊維をほぐし、それを紡いで麻の織物が完成します。「麁服」に使う麻は、気温が平地よりも三～五度低いこのような高地でしか栽培できないのです。

「こうした繊細な技術をどうやって次の代に確実に継承していくか。今後の大きな課題です」

三木様は、麻の文化や地域の再興についての抱負も、情熱的に語られました。ルーツ探しの旅の中で、このような時間を持てたのは幸せなことでした。

●「麁服」の起源は天照大御神にあった？

「麁服」の起源はいつまで遡るのか、私が以前から抱いていた疑問です。もう一度三木様にお会いすることがあれば、お聞きしたいと思っています。「阿波国風土記」を発見したからです。

三木家に伝わる「麁服」調進の最古の記録は一二六〇年の亀山天皇の「大嘗祭」ですが、一般的には七世紀ごろから大嘗祭の形式が大よそ固まったとされています。そのころから「麁

服」があった可能性が高いのです。

しかし、ひょっとしたらもっと遡るのではないでしょうか。『古事記』の「天岩戸隠れ」の段では、天照大御神が「新嘗祭」の新穀を召し上がる神殿を、弟の素戔嗚尊《すさのおのみこと》が糞をまき散らして汚したという描写があります。「阿波国風土記」の最初にもあります。

大嘗祭は、新天皇が初めて行う新嘗祭ですから、この天照大御神時代から大嘗祭も行われていた可能性があります。当時は弥生時代ですから、「麁服」も実際に天皇がお召しになる衣服だったのかもしれません。「麻植郡《おえぐん》」という地名が、そもそも「麻を植える」という意味です。

天照大御神や豊玉比売がおられた神代の時代から、阿波で麻が栽培され、大嘗祭で「麁服」が献上されていたと想像すると、とてもロマンがあります。もちろんその時代から、阿波忌部族が活躍されていたことが「阿波国風土記」に書かれています。

●やっぱり粟野が故郷！

これまでの人生を振り返ると、本当に長い旅路でした。改めて祖父の思い出を語りたいと思います。

大好きだった私の父は、不可侵条約を破って参戦したソ連軍の捕虜となり、モンゴルに抑留

されました。そして二年余にわたる極寒の原野での重労働の末に戦病死しました。

私たちは命からがら川島の父の実家に引き揚げました。しかし川島の家には、戦後の農地解放と財産税が重荷としてのしかかっていました。跡取りである父を失った上に、叔父も戦死。叔母の一家も身を寄せており、余裕は何一つありませんでした。

母が小学校教師として働き、私たち一家は自立しました。その時から、母の郷《さと》の栃木県の栗野が、一家の故郷《ふるさと》になりました。

●ルーツ探しの旅を始めた祖父

私が高校生のころ、祖父は五十五歳で定年となり、跡取りの鶴吉伯父に郵便局長の職を譲りました。晴れて自由の身になった祖父は、学問好きで研究心旺盛だったこともあって、自分のルーツ探しを始めました。

もっとも、祖父の家系は先祖代々栗野の地に住んでいました。祖父の祖先はどこまでたどっていっても栗野の在で、「栗の国」阿波に住んでいたというのは昔の言い伝えのようなものです。そんな祖父が「先祖は天皇に仕えていた」と言ったのは、ひょっとしたら、同じ阿波ルーツで、昭和天皇の侍従武官長をされていた奈良武次大将の影響だったかもしれません。

祖父は近代だけでなく、江戸時代から戦国時代にまで遡って様々なことを調べたようです。ある時、こんなことを話してくれました。

「富佐江は知っておるかい？　むかーし、佐渡に流された天皇がいらっしゃってな、島まで付いていってお仕えした人も何人もいたんじゃ。お爺ちゃんは佐渡へ二度行って、お仕えした人たちのことを調べた。島の人たちが都落ちした天皇を大事にしてくれたようだったなぁ。」

その方が承久の乱に敗れて佐渡に流された順徳上皇のことだと知ったのは、それからかなり経ってからでした。承久の乱では、順徳上皇の父の後鳥羽上皇が隠岐へ、兄の土御門上皇は土佐へ流されました。

土御門上皇はその後、より都に近い阿波に移され、守護の小笠原氏の元で厚遇されたようです。上皇のお住まいになられた土地は御所村《ごしょそん》と呼ばれるようになり昭和三十（一九五五）年までその地名が残っていました。

●祖父と心を通わせたひと時の思い出

祖父はそれからも全国各地へ旅を続けたようです。

「無住寺や跡形もなくなっている神社が幾つもあって……。栄枯盛衰を目の当たりにしたな

あ」

巻紙に書いた文書を見せながら説明してくれたこともありました。

「清和天皇にお仕えしたところまでは分かった」

と、満足げな表情をしていた記憶もあります。

あの巻紙はどこにいったのでしょうか。今思えば、そのころにもっと詳しく聞いておけば良かったと思います。当時の私は未来ばかりを見て、過去のことにはそれほど興味がありませんでした。でも、幼いころは近寄りがたいと思っていた祖父と、心を通わせたひと時が持てたのは嬉しいことでした。きっと祖父も自分の話を熱心に聞いてくれる私のことが、愛おしかったのだと思います。

その後私は上京して、千駄ヶ谷の叔母宅に住んで短大に通うようになりました。幼稚園教諭と保育士の両方の資格を取ろうとしたため、毎日びっしり授業が入っていて、目がまわるような忙しさで粟野にも足が遠のいていました。

そんな折、跡取りの鶴吉伯父が癌で早世しました。立派な体格をしていたのに、祖父にとっては青天の霹靂《へきれき》だったでしょう。いかばかりの落胆であったことか……。しばらくたって、まだ若い従兄の仁さんが郵便局長になったと聞きました。

●祖母の口癖「来る人も来る人も又福の神」

粟野の家は街道沿いにあり、並行して川も流れていました。収穫した麻はこの街道を通って町まで運ばれて行きました。

上流には尾鑿山があり、その山頂に賀蘇山神社があります。山岳信仰の神社であり、同時に村一帯の守り神として長く信仰を集めてきました。

まだ自動車が普及していなかった時代、この街道を多くの人が往来していました。大きなガラス戸が入っている祖父の家は、街道沿いの家の中でもひときわ目立ちました。そのため、お金や食べ物に困っている人がよく訪ねてきました。

どんな人が来ても、祖母は決して嫌な顔をしませんでした。

「来る人も来る人も又福の神」

これが祖母の口癖であり、名セリフでした。困った人がいたら懇《ねんご》ろに助けなさいと、子供たちを躾《しつ》けたのです。

●縁談は来た時が花

第四章でお話しした私の縁談の時も、実は粟野の祖母の一言が大きな力になりました。心配した母が祖母に相談したようなのです。

「富佐江に縁談があるんだけど、どうしたものかしら？　まだ本人も私も結婚は早いと思うんだけど……」

私は短大卒業後、幼稚園に勤めて二年目でした。

「縁談は来た時が花よ。年ごろのどんなにいい娘がいても『我が家にこんな良い娘がいます、お嫁さんが欲しい人はいませんか？』って看板挙げて歩くわけにはいかないでしょ」

「婚活」が全盛の今の若い人には、分かりにくいかもしれません。祖母にとって結婚とは、是非にと望まれて嫁ぐものでした。こちらから追いかけたり、条件をあれこれ付けたりするよりも、熱心に望んでくださる方がいる時に素直に嫁ぐ方が幸せになれるという考えでした。

この祖母の言葉をきっかけに、私の縁談はどんどん進みました。祖母はいつも物腰が柔らかくもの静かでしたが、六人娘たちから絶大に信頼され、一族のアドバイザー的存在でした。

私はこんな祖父母の居る粟野が大好きでした。山の畑で獲れる野菜はとても美味しく、前の

川で捕るウナギや鮎がご馳走でした。今でも目に浮かぶ故郷の味です。

●麻の種は粟野から　～今上天皇～

令和四（二〇二二）年夏、粟野に二十余年ぶりに帰りました。その折に、粟野の麻農家の大森由久様をお訪ねしました。第七章でご紹介した、粟野の種で栽培した麻が大嘗祭の「麁服《あらたえ》」で使われているというお話がご縁でした。

現在日本では麻の栽培には許可が必要です。これは大麻の取締りのためです。

戦前の日本では国内で栽培する麻と、麻薬の原料である「インド大麻」は明確に区別していました。日本では麻は古代から栽培され、衣食住に利用されてきました。「しかしＧＨＱの命令により、国内産の麻も麻薬同然の扱いになってしまった」そんなお話を大森さんからお聞きしました。

「実は私の父と齋藤局長さん（筆者の祖父）とは昵懇《じっこん》だったのですよ。私が小学校に入ったころ、奈良武次さんが学校にお出でになりお話を聞きました。偉い人なのにとても優しいので驚きました」

よもや大森さんから祖父や奈良さんの話が伺えるとは……。私は胸がいっぱいになりました。

「奈良さんが昭和天皇の侍従武官長になった時、栃木の山猿と揶揄《やゆ》されたとか」
「とんでもない！　奈良さんは栃木の英雄ですよ、誉《ほまれ》です」
大森さんはきっぱりと言い切りました。私は現在、大森さんたちの「麻の生産禁止令撤廃と麻の復活に貢献している会」の応援をしています。

●齋藤家の守り神

大森さんの家の近くに、武家屋敷のような祖父の家があります。今は「はとこ」が主《あるじ》です。祖父が氏子総代をしていた賀蘇山神社に行き、ご祈祷をしていただきました。宮司さんのお父様は、祖父のことを覚えていました。祖父の昔話や地方の歴史などを伺いました。奥の院では曽祖父が奉納した狛犬が迎えてくれました。苔の付いた狛犬に手を当てると、冷たい石のはずなのに鼓動が伝わってきました。これはとても不思議な体験でした。

空が狭いためでしょうか。山里の日暮れは早いです。宮司さんから名物の黒い達磨をお土産にいただきました。私は帰宅すると早速「へ」の字の目を入れました。

この粟野訪問で私の「ルーツ探し」の旅も、一区切りがついたように思います。我が家の玄関では、「来る人も来る人も又福の神」達磨が笑顔でお迎えしています。この笑顔が私の旅の

答えです。

●ドキュメント映画「ルーツ・オブ・ザ・エンペラー」完成

最後に皆様にお知らせがあります。

私たちが出演する三十七分のドキュメント映画「ルーツ・オブ・ザ・エンペラー」の完成です。岡元雄作監督は第三回ベルリンのフエスティ映画最優秀長編作品賞（グランプリ）を受賞等優れた作品を連発。『ルーツ・オブ・ザ・エンペラー』も五つのドキュメント賞にノミネートされています。

これも不思議なご縁でした。「さくら造り帯」の仕事で二十年来のお付き合いの高島屋着物部長の紹介で、株式会社「きものブレイン」の岡元松男社長とご縁をいただきました。岡元社長は博識で、弥生時代の天蚕《やままゆ》の話や麻の話、衣服事情などについて教えてくださいました。

岡元社長のご子息が岡元雄作監督でした。お父様から聞いた古代阿波のロマンが、新進気鋭の映画監督の琴線に触れ、ドキュメント映画製作の話がトントンと進みました。

令和五（二〇二三）年一月から三月にかけて徳島へ飛び、ご自分でカメラを回しました。朝四時起きで四国一番の日の出を撮り、日没を撮り、桜花爛漫の街道をカメラに収めました。イ

ンタビューは河野宮司と私が二時間、島勝先生は四時間に及びました。これが絶妙に三十七分にまとまりました。

日本の正しい歴史を若い方に知っていただけたらと願っています。日本が未来永劫「平和で安寧である」ことを祈りながら。

エピローグ

●最終章を迎えた私の旅

祖父の言霊を道標《みちしるべ》として歩き続けてきた私の長い旅も、そろそろ終わりに近づきました。

幼いころ祖父から聞いた「粟野のルーツは阿波」「先祖は天皇にお仕えしていた」という言葉は、その後もずっと心に残り続けていました。しかし短大進学、就職、結婚と出産、そして夫の死…。怒涛のように押し寄せる人生の荒波の中で、私はもがきながら前に進むだけで精一杯でした。

そんな中で、世界中を襲った新型コロナウイルスのパンデミックは、私に立ち止まって過去を振り返る時間を与えてくれました。

日本道早朝ゼミナール・山近義幸様のご縁で長年心の底に眠っていた祖父の「我が家のルーツは阿波だ」「天皇にお仕えする部族だった」という言霊が蘇りました。

阿波徳島の研究家・島勝伸一先生を訪ねることが出来ました。

令和二（二〇二〇）年一二月二十三日、塩坂泰子さん、中原榮里さんと世間で自粛の声が吹き荒れる中、私達はコロナの予防を講じ徳島へ向かいました。

●遅咲きの社長『さくら着物工房』
帯を切らずに作って着付けは二分

ところが間もなくTBSテレビの人気番組「がっちりマンディ」の取材申し込みがありました。令和三（二〇二一）年二月七日・日曜日朝七時三十分から放送開始でした。放送が終了すると「さくら着物工房」への問い合わせが殺到しました。「カルチャー業種」は万全の注意を計れば開催可能な職種でした。

私も怯《おび》えるよりも万全の消毒と注意を払い前向きに進むことはとても良いことだと思いました。お陰で大過なく令和六（二〇二四）年のお正月を迎えることが出来ました。

この帯を切らずに作るバリアーフリー帯の発明は私が六十五歳の時、脳梗塞を患い右手が後ろに回らなくなり着物が着られなくなりました。私が帯を切らずに一人で使える帯がなかったのです。

橋本祐子先生の語録「欲しいものが売っていなかったら、自分で作ればいい！」

この言葉がヒントになり素晴らしい造り帯が誕生。特許を取得したバリアーフリーの帯は大人気をいただくことができました！

全国にこの技はいきわたり、私の教室から巣だった講師陣もいろいろな形で活躍しています。

有難い事と感謝の念を深くしています。

前述の教室はベテラン講師の先生たちにゆだね、私は「きもの守り」と「阿波のルーツ探し」の二足のわらじ。発心以来、三十回に及ぶ徳島関連探訪を重ね、中国宿遷市の項羽のお城跡の調査も全部着物で通しました。日本の帯が世界一のコルセット効果を生み足腰が元気なのです。

ついに私は隠された阿波徳島の歴史の扉を開き、古代の秘史にたどり着きました。『邪馬台（壹）国』もしっかり特定することが出来たようです。この先はアカデミックの皆様にご指導いただきたいものです。

ボランティアの手法で私が新たな視点で発見したこともあり、沢山の成果が得られました。しかし、これは阿波（徳島）の心ある人たちの間で、密かに受け継がれ、語り伝えられていた真実の歴史があってのことです。

私はその方たちのご指導とご支援に恵まれたことは枚挙に暇がありません。殊に島勝伸一先生、河野通宣宮司様、山近義幸様、宮下隆二先生、山元雅信先生、天明茂先生、杉原丈夫先生、香川重善・慶子様ご夫妻、磯和義・米様ご夫妻、窪薗裕子様、中原榮里様、塩坂泰子様有難うございました。挿絵をお寄せいただいた藤島大千画伯の卑弥呼女王と壹與女王のイメージは大

きい力になりました。

致知出版社の藤尾秀昭社長様、小森俊司様、親身にお力添えいただき感謝の念でいっぱいです。そして今回の旅路にご協力してくださった多くの皆様に、心から感謝を捧げたいと存じます。

令和六（二〇二四）年　三月六日　　大安吉日

さくら着物工房　鈴木富佐江

主な参考資料

『道は阿波より始まる』〈その一、二、三〉岩利大閑（〔財〕京屋社会福祉事業団）

『邪馬壱国は阿波だった』古代阿波研究会（新人物往来社）

『大嘗祭』大久保利美 編著・産業倶楽部・編（〔財〕京屋社会福祉事業団）

『広辞苑』新村出・編（岩波書店）

『女王卑弥呼は阿波女』島勝伸一・編（ＮＰＯ法人吉野川に生きる会）

『黒パン俘虜記』胡桃沢耕史（文藝春秋刊）

『森信三 いのちの言葉』宮下隆二（ｐＨｐエディターズ・グループ）

『鉄門海の足跡を辿る』杉原丈夫

『マチピチュに行ってきた‼』礒 米（いそっぷ社）

『阿波の精らしさん』河野 操（文化学園文化出版局）

『邪馬壹国は阿波・徳島』梨目正

『阿波国風土記』（筑波大学図書館）

『なぜ、うまくいっている会社の経営者はご先祖を大切にするのか』天明 茂（致知出版社）

『東京古地図散歩』生田 誠（メディア・パル）

【著者略歴】

鈴木富佐江（すずき・ふさえ）

昭和11年旧満州生まれ。21年父の故郷の茨城県に引き揚げる。白梅学園短期大学卒業後、幼稚園や金融機関に勤めながらボランティア活動に従事。現在はさくら着物工房を運営しつつ、造り帯の普及に当たる。41年朝日新聞「明るい社会賞」平成7年シャルレ女性ボランティア奨励賞「ウィメンズ・フェローシップ」令和2年「渋沢栄一 論語と算盤大賞」受賞。著書に『風に吹かれて』（神奈川新聞社）。

◆全国 「さくら着物工房」主宰
◆ボランティア活動「元気なパラリンピック応援団」名誉会長
◆NPO法人 関東シニアライフアドバイザー協会 所属

株式会社 さくら着物工房
工房所在地
〒182-0007 東京都調布市菊野台3-7-85
アトリエ所在地
〒201-0001 東京都狛江市西野川4-28-17
E-mail : fsuzu23@fsinet.or.jp
HP : https://sakura-zukuri.jp/
TEL：090-3691-0055

幾つになっても人生はこれから！

令和六年三月二十五日第一刷発行

著者 鈴木富佐江
発行者 藤尾秀昭
発行所 致知出版社
〒150-0001 東京都渋谷区神宮前四の二十四の九
TEL（〇三）三七九六―二一一一
印刷・製本 中央精版印刷
落丁・乱丁はお取替え致します。 （検印廃止）

ISBN978-4-8009-1302-9 C0095
ホームページ https://www.chichi.co.jp
Eメール books@chichi.co.jp

いつの時代にも、仕事にも人生にも真剣に取り組んでいる人はいる。

そういう人たちの心の糧になる雑誌を創ろう――

『致知』の創刊理念です。

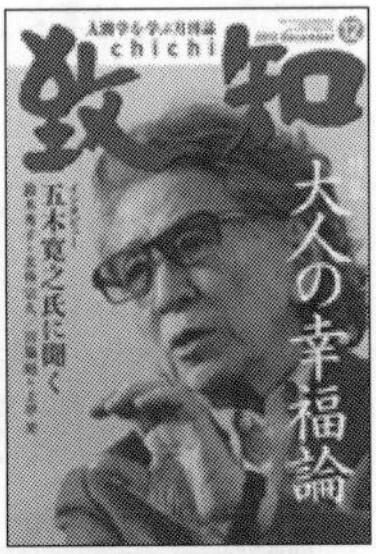

私たちも推薦します

稲盛和夫氏　**京セラ名誉会長**
我が国に有力な経営誌は数々ありますが、その中でも人の心に焦点をあてた編集方針を貫いておられる『致知』は際だっています。

鍵山秀三郎氏　**イエローハット創業者**
ひたすら美点凝視と真人発掘という高い志を貫いてきた『致知』に、心から声援を送ります。

中條高徳氏　**アサヒビール名誉顧問**
『致知』の読者は一種のプライドを持っている。これは創刊以来、創る人も読む人も汗を流して営々と築いてきたものである。

渡部昇一氏　**上智大学名誉教授**
修養によって自分を磨き、自分を高めることが尊いことだ、また大切なことなのだ、という立場を守り、その考え方を広めようとする『致知』に心からなる敬意を捧げます。

武田双雲氏　**書道家**
『致知』の好きなところは、まず、オンリーワンなところです。編集方針が一貫していて、本当に日本をよくしようと思っている本気度が伝わってくる。“人間”を感じる雑誌。

致知出版社の人間力メルマガ（無料）　人間力メルマガ　で　検索
あなたをやる気にする言葉や、感動のエピソードが毎日届きます。

致知出版社の好評図書

1日1話、読めば心が熱くなる 365人の仕事の教科書

藤尾秀昭 監修

心の琴線に触れる感動実話や
体験的仕事論を365編収録

●A5判並製 ●定価=2,585円(10%税込)